JE ME DONNE À TOI…

DU MÊME AUTEUR

Histoire des Associations familiales catholiques, en collaboration avec Ludovic Laloux et Elisabeth Masson-Leruste, Éd. F.-X. de Guibert, 2005.

Michel Emmanuel

JE ME DONNE À TOI…

Notes de retraite pour fiancés prêchée par

Mgr Patrick Le Gal

Évêque aux Armées

Sarment
ÉDITIONS DU JUBILÉ

ISBN 2866793900

À la mémoire de Marinette Croizé-Pourcelet,
et de Guillaume et Philippine Breitel.

Préface

Ce petit volume a une histoire longue et quelque peu originale. Il est né d'une rencontre, il y a une dizaine d'années, entre le prédicateur que j'étais et un couple qui, alors, se préparait au mariage et suivait l'une des retraites que je prêchais dans cette perspective du mariage.

J'aurais pu mettre par écrit le contenu de ma prédication. On m'y a plusieurs fois invité, mais j'y répugnais : l'expression orale, plus libre et pour partie en connivence avec le public si l'on est sur la même longueur d'onde, a quelque chose d'irréductible à l'écrit. Le cadre d'une retraite n'est pas non plus celui d'une conférence : le contexte de prière et la durée valorisent tout autrement un « enseignement ». Enfin, le nombre limité d'auditeurs conduit, au-delà du contenu objectif de la prédication, à une dimension de témoignage qui s'inscrit malaisément dans le cadre d'un écrit, détaché de la rencontre impliquée par la communication orale. Donc, il n'y avait pas d'écrit.

Des fiancés se préparant au mariage avec sérieux et attention auraient pu transcrire pour d'autres amis, proches ou lointains, les étapes de leur démarche, l'apport et les perspectives ouvertes par telle ou telle rencontre ou prédication entendue. Je ne crois pas qu'aucun l'ait fait. Donc, il n'y avait toujours pas d'écrit.

Pourtant, l'un d'eux, Michel Emmanuel, dont le nom figure à juste titre sur la couverture de ce volume, plus décidé que d'autres, voulut, après avoir vécu cette retraite avec sa fiancée, permettre à d'autres d'en « profiter ». Son opiniâtreté dans ce projet finit par vaincre ma résistance mais non les difficultés de l'entreprise : il fallut enregistrer à une retraite ultérieure les conférences, ce qui représente une gageure avec un prédicateur volontiers mobile ; plusieurs enregistrements étaient inaudibles. Une série de cassettes périrent dans un incendie… le projet semblait maudit. Le plus délicat restait de remettre en français écrit un enregistrement oral, avec ses anecdotes intranscriptibles et ses anacoluthes innombrables.

Je me suis toujours demandé comment Michel Emmanuel avait trouvé la patience et le temps, dans sa vie familiale et professionnelle bien remplie, de mener à bien ce challenge. Je n'ai trouvé qu'une réponse : si l'expérience de la prédication de retraite de préparation au mariage est une expérience spirituelle et humaine forte, il est évident que l'expérience des fiancés elle-même – largement indicible – est plus forte encore. C'est d'ailleurs la raison pour laquelle ce temps de préparation au mariage reste pour beaucoup un temps favorable pour vivre une conversion, un nouvel élan spirituel. Pour certains, qui sont bien enracinés dans la foi et la vie chrétienne, cette expérience conduit tout normalement à désirer transmettre ce qui les habite, à témoigner autour d'eux de la richesse de l'amour du Christ, ressentie à travers l'expérience de l'amour conjugal.

Il arrive cependant parfois que l'on éprouve quelques difficultés ou quelque pudeur à exprimer une conviction, une expérience très forte qui nous habite. Il nous faut comme un interprète ou un porte-parole : c'est le baron Christian de Neuvillette s'adressant à Roxane par l'entremise de Cyrano ; les mots sont ceux de Cyrano, la conviction celle de Neuvillette (sans doute aussi celle de Cyrano !).

Ainsi Michel Emmanuel a-t-il emprunté, si je puis dire, mes mots pour exprimer ses convictions, son témoignage, « mes mots » d'ailleurs étant largement puisés dans la Révélation biblique qui lui « appartient » tout autant qu'à moi-même. Il y eut donc un écrit !

Je dois vous avouer que je n'ai pas relu ce manuscrit ; j'en ai laissé la responsabilité à Michel Emmanuel : puisqu'ils m'ont été empruntés, je les cède volontiers (il aurait sans doute encore fallu attendre dix ans si j'avais dû relire ou corriger ces épreuves et, vraisemblablement, j'aurais voulu tout réécrire). Finalement, ce livre, ce n'est pas d'abord l'écho d'une prédication déjà lointaine, mais le témoignage actuel et éprouvé par des années de celui qui, après dix ans de mariage, ne peut concevoir son amour conjugal sans, de quelque manière, témoigner auprès de ceux qui voudront bien le lire de la richesse de cet engagement et, disons, de cette vocation, de cette grâce du mariage chrétien.

*

La prédication de retraites ou récollections « spécialisées » pour ceux qui se préparent au mariage, sans être ignorée, n'était pas une pratique commune dans les Foyers de Charité à la fin des années 1980, quand je fus nommé au Foyer de Charité de La Part-Dieu à Poissy.

Deux expériences contribuèrent fortement à ma décision de proposer de telles récollections :

• Une double expérience précoce du travail d'officialité, comme juge puis comme avocat, fut l'occasion – très peu de temps après mon ordination – d'analyser les causes de nullités de mariage, mais aussi d'échecs dans la vie conjugale, et de mesurer des lacunes dommageables parmi les éléments de préparation au mariage habituellement offerts dans nos paroisses (notamment dans l'ordre de l'exercice de la liberté personnelle et du juste discernement).

• Quelques années plus tard, je dus prêcher inopinément une retraite à un groupe récemment fondé et aujourd'hui bien connu, la communion Notre-Dame de l'Alliance, qui regroupe des chrétiens séparés, voire divorcés, et valeureusement attachés à garder fidèlement les promesses de leur mariage.

Ce fut l'occasion pour moi d'une prise de conscience plus aiguë de la souffrance et du désastre issus de ces ruptures conjugales, tant pour les intéressés que pour leurs proches et pour la société tout entière (même si la foi et la fidélité de ces hommes et de ces femmes engagés dans la communion Notre-Dame de l'Alliance pouvaient faire surgir au cœur de ces drames espérance et témoignage heureux).

Il me sembla évident que devant le nombre calamiteux de divorces et d'échecs conjugaux, chacun devait – selon sa vocation et ses responsabilités – tenter de faire face au fléau. Ma part – si je puis dire – fut d'entreprendre ces prédications de préparation au mariage.

Forcément, le temps limité (l'espace d'un week-end) ne permettait pas de proposer un parcours raisonnablement complet. Il m'apparaissait assez évident qu'il convenait de respecter l'esprit propre des Foyers de Charité et de proposer d'abord des haltes de silence et de prière en y insérant quelques éléments de réflexion et de repère. Quant au contenu, la double expérience évoquée plus haut me conduisit à privilégier initialement deux thèmes, l'un autour de l'exercice de la liberté et de l'engagement, l'autre autour de la grâce propre du sacrement de mariage qui rend ceux qui la reçoivent capables d'aimer comme Dieu aime. Ultérieurement, cette thématique s'élargit à un regard sur la famille, cellule principale de l'Église et de la société, sur l'anthropologie biblique présentée par les premiers chapitres de la Genèse : *« Homme et femme, il les créa »* ; enfin, un module plus concret sur la recherche d'un équilibre entre vie professionnelle et vie familiale (conjugale).

Le public de ces prédications était évidemment un public volontaire, souvent privilégié du point de vue de l'accompagnement spirituel, mais pour autant – car ainsi le veulent les lois de l'amour – pas forcément chrétien à cent pour cent, l'un des fiancés pouvant être « traîné là » par son futur conjoint, généralement très inquiet du résultat de l'opération !

Dans ce contexte, le plus inattendu sans doute fut l'accueil attentif réservé au thème sur la liberté, qui évoquait quelques pages de théologie morale fondamentale puisée chez « mon maître », Servais Pinckaers. Je ne me souviens pas avoir rencontré de réaction de rejet ou d'objection parmi les fiancés qui suivirent cet enseignement, mais bien plutôt une découverte étonnée des chemins de bonheur que décrit la morale évangélique : expérience libérante.

À partir de là, il ne m'est jamais apparu difficile – jusqu'à aujourd'hui – de présenter l'enseignement de l'Église sur des questions d'éthique plus spécifiques, pourtant sujet d'interminables polémiques ou de dérision dans notre société. À défaut de pouvoir en quelques mots expliquer le pourquoi et le sens de chaque prise de position du Magistère (par exemple dans l'encyclique *Humanae Vitae*), du moins ai-je eu l'impression que « mon » public m'était reconnaissant de proposer sans ambiguïté le point de vue de Dieu et son aide (à travers les repères précisés par l'Église), leur permettant, autant qu'ils le souhaiteraient, d'appuyer leur cheminement sur cette assistance divine bienveillante.

La prédication est une chose, du moins permet-elle un contact direct entre celui qui enseigne et celui qui écoute ; le témoignage de celui qui parle, de ce qu'il vit, en est une autre, sans doute plus parlante au grand nombre aujourd'hui.

Ainsi donc et, comme je l'ai expliqué, ce livre, écho d'une prédication d'un moment, est devenu indirectement témoignage à travers celui qui a voulu rassembler ces conférences. Au-delà des lacunes ou des maladresses inévitables d'une telle transcription, je souhaite que le travail de Michel Emmanuel porte le fruit qu'on peut attendre d'un témoignage donné avec cœur, et que chacun puisse en retenir ce qui sera bon pour sa conversion et sa sanctification. Ainsi que le demandait saint Augustin, dans la prière finale de son traité sur la Trinité, que chacun en retienne ce qui vient de Dieu et oublie le reste : *Quaecumque in his libris de tuo, agnoscant et tui ; si qua de meo et tu ignosce et tui*.

+ Mgr Patrick LE GAL

Introduction

Dans le cadre de ces entretiens[1], je voudrais vous donner le plan de nos discussions. Dans un premier temps, il s'agit de proposer quelques thèmes de réflexion aux fiancés et à ceux qui songent au mariage de près ou de loin, sans pour autant faire un exposé complet sur ce très vaste sujet sur lequel on dit des tas de choses, plus ou moins bien d'ailleurs, mais pas si mal finalement. Nous évoquerons ici des points moins souvent soulignés, moins bien compris ou oubliés, et qui pourtant ont une certaine pertinence.

C'est ainsi que l'on abordera d'abord le sacrement du mariage. On parle peu, concrètement, de ce sacrement. On se limite souvent à la dimension humaine du mariage perçue d'un point de vue chrétien. C'est très bien, mais ce n'est pas suffisant. Bien des gens reçoivent ce sacrement, avec beaucoup de mérite d'ailleurs, et ils le reçoivent vraiment, mais très souvent, ils ne savent même pas ce qu'ils reçoivent parce qu'ils ne se sont jamais posé la question, ou encore parce qu'on ne la leur a jamais posée. Cela est vrai d'ailleurs d'autres sacrements, par exemple du baptême, de sa grâce propre, ou encore de la confirmation, ce qui est encore plus subtil me semble-t-il.

À propos du baptême, il est beaucoup de parents qui attendent, qui n'envisagent pas immédiatement de baptiser leur

1. Ces entretiens avec des couples de fiancés, dont le style direct a été conservé autant que possible, ont eu lieu au mois de juillet 1998 au Foyer de Charité de la Part-Dieu, à Poissy, dans les Yvelines. Ils s'articulent en quinze prédications réparties sur une retraite en silence de cinq jours.

enfant, car ils ne voient pas au fond l'intérêt de la chose. Ce qu'ils voient, c'est l'intérêt de l'engagement libre de l'intéressé vis-à-vis de Dieu. On prépare l'enfant à avoir un engagement libre par rapport à Dieu, avec beaucoup de bonne volonté, mais finalement ces gens n'ont pas compris la grâce propre du baptême, et cela est vrai aussi du mariage.

Après avoir envisagé le sacrement de mariage et ses conséquences, je me pencherai dans un deuxième temps sur un autre aspect en regardant comment l'homme, dans sa liberté face au don potentiel de Dieu, va mettre en œuvre une réponse au don, à l'appel de Dieu, pour avancer. Il s'agit donc d'un regard sur la liberté et sur l'engagement par rapport à cette liberté. Comment fonctionne-t-elle ? Pourquoi s'engager ?

Il y a dans le sacrement de mariage un don de Dieu, mais ce don s'effrite s'il n'y a pas la liberté. La liberté est formidable et fragile à la fois. Comment est-elle aidée par Dieu pour atteindre son but, sa finalité ?

Ainsi, après un peu de théologie sacramentaire, de philosophie et d'anthropologie biblique, nous dégagerons quelques éléments sur la liberté humaine et ses moyens pour s'exprimer, en utilisant des exemples de cas concrets pour voir comment cela peut fonctionner.

Dans un troisième temps, je désire me pencher sur la famille, car le mariage est l'occasion de fonder une famille, dont le noyau est constitué par le couple. Cette famille peut donc s'élargir, et je désire évoquer quelques perspectives pour la famille chrétienne, quelques « tâches » pour employer le terme de l'exhortation apostolique de Jean-Paul II sur le sujet[1].

---

1. « Les tâches de la famille chrétienne », *Familiaris Consortio*, Jean-Paul II, 1981.

Ce sont là des choses plus connues, en raison en particulier d'un enseignement récurent du magistère de l'Église sur le sujet. Je désire aussi cependant évoquer certains aspects actualisés ou oubliés. Ces trois premiers temps sur le sacrement de mariage, la liberté et la famille constituent le premier versant de cette retraite.

Le second versant consiste à évoquer quelques thèmes de spiritualité ou de vie chrétienne tout à fait fondamentaux car, en fait, se préparer au mariage est l'occasion d'une réflexion sur les conditions de l'engagement, sur les perspectives que Dieu peut nous donner à cet égard, mais c'est aussi l'une des plus fortes occasions pour reconsidérer la qualité de sa vie chrétienne, la relancer, la peaufiner, la fortifier. En soi, me semble-t-il, il s'agit là d'un aspect central, essentiel, de la préparation au mariage. Il s'agit de saisir cette préparation à ce sacrement et à cet engagement humain et spirituel comme une grande occasion d'un élan de sainteté.

Par rapport à cela, je désire évoquer quelques axes essentiels de la vie chrétienne : la prière, les sacrements, l'Eucharistie, sommet et cœur de notre vie chrétienne. Au sujet de la prière en particulier, je voudrais insister sur le fait qu'il s'agit de celle de l'Église et aussi de la nôtre, car le mariage colore certains aspects de cette vie chrétienne, et ce n'est pas tout à fait la même chose que lorsque l'on est célibataire.

Je voudrais aussi évoquer un autre grand thème de la vie chrétienne qui est la réconciliation, car ce thème est corrélatif à celui de l'alliance. Or, le mariage est un sacrement qui fait toucher d'une certaine manière l'alliance entre Dieu et les hommes, et cette alliance, dans l'histoire concrète du salut, est toujours marquée par ce besoin de réconciliation, de reprise. La réconciliation s'inscrit dans le cadre concret de l'alliance conjugale.

Je désire conclure en disant quelques mots sur l'appel à la sainteté chrétienne dans le mariage. On n'est pas moins appelé à la sainteté chrétienne en se mariant ou en se préparant au mariage que si l'on est en route vers un autre engagement comme le Carmel, les Jésuites, ou même comme missionnaire pour être mangé par les lions en Afrique !

On peut toujours changer si l'on n'est pas définitivement engagé, et vous pouvez vous dire que vous vous sanctifierez excellemment en entrant l'un chez sainte Thérèse et l'autre chez saint François. Je peux vous donner de bonnes adresses et vous encourager vivement ! Mais vous ne pouvez pas dire que c'est parce que vous voulez être saints que vous voulez faire cela et que vous renoncez à votre projet de mariage. Il ne s'agit là que d'un mode de vie pour aboutir à la sainteté. Par contre, il est important de voir qu'il y a un appel à la sainteté dans tout état de vie, et notamment dans l'état de vie conjugal.

PREMIÈRE PARTIE

S'AIMER...

CHAPITRE 1

S'AIMER… POUR LA VIE ?

Le premier versant de cette retraite est davantage tourné vers le mariage et vers les conditions de l'engagement du mariage. Dans un premier chapitre, je vais d'abord porter mon regard sur le mariage dans sa dimension sacramentelle.

Le mariage est une réalité humaine voulue par Dieu, qui préexiste bien sûr à l'institution par le Christ du sacrement de mariage. Pour les chrétiens, et pour les catholiques en particulier, le Christ a donné un sens nouveau, un chemin, une portée nouvelle en instituant pour ceux qui se marient le sacrement de mariage. On s'interrogera d'abord sur ce qu'est un sacrement avant d'évoquer un passage de saint Paul.

Qu'est-ce qu'un sacrement ?

Un sacrement est un signe, le signe d'une réalité invisible, de l'ordre de la vie divine, de la grâce, de la qualité de la vie de Dieu. De plus, il y a une réalité visible, humaine, dont Dieu va se servir pour manifester cette réalité divine et pour la rendre présente en la manifestant. Si l'on prend par exemple le baptême, Dieu se saisit d'une réalité humaine, l'eau, qui lave et vivifie ; s'il n'y a pas d'eau, il n'y a pas de vie, s'il ne pleut pas, l'herbe devient paillasson et on est donc très content qu'il pleuve ! L'eau est aussi ce par quoi nous nous purifions : on se lave les mains avec de l'eau, pas avec de l'huile de vidange !

Dieu se saisit de l'eau et la fait couler sur nous à l'occasion du baptême, il nous trempe dans l'eau pour signifier qu'il veut nous donner part à une vie nouvelle, surnaturelle, spirituelle, la vie des enfants de Dieu. Il veut nous laver de tout ce qui est contraire, contradictoire avec cette alliance qu'il veut créer avec nous, nous laver de tout péché. Donc, quand je vois couler l'eau, je peux penser au baptême, et quand je pense au baptême, je pense à cette vie nouvelle, divine, qui nous est donnée réellement, et à la purification qui est réellement opérée.

Dans un sacrement, ce n'est pas seulement signifié, c'est aussi donné. Il y a des signes qui signifient sans donner. Si, par exemple, vous expliquez le sacrement du baptême, vous expliquez comment cela se passe, vous prenez une cruche d'eau et vous la versez sur l'enfant du catéchisme dont vous vous occupez : cela va « signifier », c'est-à-dire que l'enfant va comprendre que l'eau le rafraîchit, le purifie, le lave, et qu'effectivement, l'eau, c'est la vie. Il va comprendre, et ce sera donc signifié mais pas donné.

Dans le sacrement, s'il est vécu selon ce que le Christ propose, il doit y avoir réellement communication de cette réalité qui est signifiée mais aussi donnée ; c'est cela le spécifique du sacrement. Comme le disait le Concile de Trente, c'est un signe qui réalise pleinement ce qu'il signifie. Non seulement il nous renvoie à une réalité et il nous la fait comprendre, mais il nous la donne, il nous la communique. On pourrait prendre chaque sacrement comme cela et voir à partir de signes comment la réalité est signifiée. Par exemple le Saint Chrême, c'est-à-dire l'huile utilisée à l'occasion du sacrement de confirmation, est l'huile qui rentre dans notre peau pour nous fortifier, comme les gladiateurs dans l'Antiquité s'oignaient d'huile pour être forts au combat. Il s'agit aussi d'une huile qui rend un peu poisseux pour que l'autre ne puisse pas vous prendre. Nous voilà donc forts, fortifiés par le Saint Chrême dans la confirmation.

L'amour humain comme signe

Dans le mariage, le signe est beaucoup plus complexe et la réalité signifiée est forte, de l'ordre de la vie de Dieu, et elle est simple. Quel est le signe ? C'est l'amour humain conjugal. Autrement dit, ce n'est pas le sacrement qui fait l'amour, mais c'est l'amour qui fait le sacrement de mariage. Imaginez que vous vous rencontriez comme cela, à la sortie du métro, et que vous vous disiez : « Tiens ! Ce serait l'occasion de faire surgir la grâce de Dieu, marions-nous ! » Cela ne se passe pas comme ça ! Ce n'est pas le sacrement qui fait surgir l'amour conjugal, c'est l'amour conjugal qui, prenant conscience de lui-même et voulant s'inscrire dans un projet qui n'est pas simplement humain et social, mais chrétien, ecclésial et divin, va nous conduire à demander et recevoir le sacrement de mariage.

Le signe, c'est donc l'amour humain. C'est un signe très visible ! Quand les gens s'aiment, cela se voit ! Quand ils ne s'aiment pas, cela se voit aussi ! C'est curieux comme cela se voit très bien, par exemple dans cette salle : quand tout à coup des fiancés ne s'entendent pas, ça saute aux yeux ! Ils sont très heureux qu'il y ait deux sièges suffisamment éloignés l'un de l'autre ! Il y a beaucoup de choses comme cela. Même parmi les gens mariés qui sont ensemble depuis quinze ou vingt ans, certains s'entendent bien, d'autres moins bien. Cela se voit très bien. Ils sont parfois bien contents d'être distants l'un de l'autre !

L'amour conjugal se voit. Ce signe va renvoyer à une réalité divine et va la communiquer : il s'agit de l'alliance de Dieu avec son peuple. Qui dit alliance dit amour : l'amour de Dieu pour son peuple, du Christ pour son Église.

Autrement dit, le sacrement de mariage va faire que cette réalité de l'amour conjugal naissant et déjà déployé quelque peu va transformer toute la vie, va constituer un signe qui nous renvoie à la vie divine et qui est également porteur de quelque chose de cette vie divine : l'élan de Dieu vers nous, son peuple, l'élan du Christ vers l'Église, et l'alliance qui en résulte. Ceux qui acceptent de recevoir le sacrement de mariage à travers leur amour conjugal sont signes et en même temps présence à un titre tout particulier de cette qualité, de cette aptitude à aimer comme Dieu aime son peuple, comme le Christ aime l'Église.

Les exigences qui découlent du sacrement de mariage sont finalement des exigences qui découlent de la richesse, de la qualité et de l'exigence de l'amour du Christ pour son Église. Ceux qui reçoivent le sacrement de mariage en sont porteurs. Cela veut dire que Dieu n'a pas trouvé de réalité humaine davantage propre à signifier, montrer, manifester la richesse de son amour pour nous que la réalité du lien conjugal.

Il aurait pu prendre autre chose. C'est l'exemple du lierre et du vieux mur. S'il y a quelque chose de plutôt sympathique dans le spectacle du lierre accroché à un vieux mur, il y a aussi quelque chose qui l'est moins. Par exemple, si vous allez vous promener devant un certain manoir près du Foyer de Charité de Poissy, vous allez voir une tour sur laquelle il y a du lierre. Il y a vingt ans, on a coupé ce lierre, et cependant il y est toujours, mort mais encore accroché. Il est impossible de le décoller, et c'est pourquoi ce spectacle n'est finalement pas très sympathique. Je comprends que Dieu n'ait pas fait le sacrement du lierre et de la vieille tour ! De plus, ce n'est pas très vivant. Le lierre se nourrit du mur, et il est plutôt malsain et plein d'insectes !

Dieu aurait aussi pu prendre une autre réalité humaine telle que l'amour d'amitié, mais il a dit : « Non, ce n'est pas assez fort ! » Il a cherché, et il a pris l'amour conjugal. Dieu a remarqué que l'amour conjugal avait un prix, une qualité bien plus dense que les autres modes de liens interpersonnels et il a dit : « Seul ce type de lien-là est suffisamment signe de la qualité de l'amour que j'ai pour mon peuple », que le Christ a pour son Église.

Comme le Christ aime l'Église

C'est cela que nous explique notre ami saint Paul quand il parle aux Éphésiens, au chapitre 5 de sa lettre, versets 21 et suivants. Il parle de morale « domestique », c'est comme cela en tout cas qu'est sous-titré ce passage dans la *Bible de Jérusalem*. Je ne sais pas si c'est vraiment là l'intention de saint Paul, mais enfin ! C'est un texte que l'on connaît bien, que certains aiment bien, que certaines n'aiment pas, mais l'essentiel n'est pas dans ce que l'on y lit généralement.

« Soyez soumis les uns aux autres dans la crainte du Christ. » Cette introduction ne présente pas de difficultés majeures. *« Que les femmes le soient à leurs maris comme au Seigneur »* : déjà commencent les difficultés aux yeux de certains. *« En effet, le mari est le chef de sa femme comme le Christ est chef de l'Église, lui le sauveur du Corps ; or l'Église se soumet au Christ ; les femmes doivent donc, et de la même manière, se soumettre en tout à leurs maris. »* Ça, c'est un mot très dur. C'est le même mot que saint Paul utilise pour indiquer de quelle manière les esclaves obéissent à leur maître. Cela est intéressant.

De plus, on trouve le même terme dans saint Luc, et l'on sait les liens de la réflexion, de la pensée et du travail apostolique entre Luc et Paul. C'est le mot dont saint Luc se sert pour indiquer l'attitude du Christ vis-à-vis de ses parents. Cela est également intéressant. Quand Jésus enfant revient du Temple après y avoir été perdu et retrouvé, saint Luc dit qu'« il leur était soumis. [1] » Dans le passage de saint Paul, on propose donc aux dames d'être avec leurs maris comme le Christ vis-à-vis de sa mère.

Je vous propose de lire la suite, parce que ce premier paragraphe est quelque peu déséquilibré. Après avoir parlé aux femmes, saint Paul va parler aux maris : « *Maris, aimez vos femmes* » – c'est le moins que l'on puisse faire ! – « *comme le Christ a aimé l'Église : il s'est livré pour elle, afin de la sanctifier en la purifiant par le bain d'eau qu'une parole accompagne ; car il voulait se la présenter à lui-même toute resplendissante, sans tache ni ride ni rien de tel, mais sainte et immaculée. De la même façon, les maris doivent aimer leurs femmes comme leur propre corps*.[2] »

L'Épître aux Éphésiens est la première des trois Épîtres de la captivité. Saint Paul est prisonnier et dicte à son secrétaire dans son lieu de résidence forcée cette Épître brève et très dense. Quand on lit ces deux paragraphes l'un après l'autre, on peut retenir, et c'est souvent ce que l'on retient aujourd'hui, ce qui entraîne des discussions à n'en plus finir d'ailleurs, qu'il s'agit là d'un style d'exercice de l'autorité dans le couple. Qui a l'autorité dans le couple ? On y lit comment l'homme doit se comporter vis-à-vis de la femme et la femme vis-à-vis de l'homme, et souvent on en vient à faire une critique, complètement idiote d'ailleurs, de saint Paul en disant qu'il parle des habitudes sociales de son temps, que de telles habitudes sociales sont dépassées et que saint Paul lui-même est dépassé, point à la ligne. En plus, comme saint Paul a la réputation d'être misogyne…

Il est pourtant bien évident que saint Paul ne parle pas d'abord du mode d'exercice de l'autorité entre l'homme et la

---

1. Lc 2, 51.
2. Eph 5, 25-28.

femme, mais il prend cet exemple pour parler d'autre chose et il se montre beaucoup plus souple d'ailleurs qu'on le croit ou qu'on le dit souvent. Il y a un balancement dans le texte, puisqu'il parle aux femmes d'abord, puis aux maris. Surtout, ce que saint Paul nous révèle ici, et c'est pourquoi l'on peut lire ce texte dans la liturgie du sacrement de mariage, c'est d'une part une analogie, un lien qui existe entre l'attitude de la femme par rapport à son mari et du mari par rapport à sa femme, et, d'autre part, l'attitude du Christ par rapport à l'Église. Avez-vous remarqué que saint Paul ne dit pas aux femmes : « Soyez soumises à votre mari », et aux maris : « Aimez vos femmes », c'est-à-dire : « Ayez une qualité de relation avec votre épouse » ? Ce n'est pas cela qu'il dit, et l'insistance n'est pas du tout là-dessus.

Il dit : *« Comme le Christ a aimé l'Église, maris, aimez vos femmes. » « Comme le Christ a été soumis, femmes, soyez soumises. »* C'est-à-dire qu'il y a le Christ et l'Église, et saint Paul dans son Épître aux Éphésiens a développé tout à fait ce mystère du Christ par rapport à l'Église, de Dieu par rapport à nous, son peuple. Et maintenant, il nous dit que dans le mariage, il s'agit de maris et de femmes, et qu'il s'y trouve quelque chose de comparable à ce lien entre le Christ et l'Église. Tel le Christ s'est comporté vis-à-vis de l'Église, tels les conjoints doivent se comporter entre eux. On ne dit pas : tel le Christ s'est comporté vis-à-vis de l'Église, le mari doit se comporter vis-à-vis de sa femme, telle l'Église a été par rapport au Christ, que la femme soit par rapport au mari. Ce n'est pas du tout cela et ce serait très faux de le comprendre comme cela.

De la même manière que le Christ a aimé l'Église, de la même manière le conjoint numéro 1 va aimer le conjoint numéro 2. Mais précisément saint Paul comprend bien que dans l'amour du couple humain, il devrait y avoir une certaine symétrie alors qu'entre le Christ et l'Église, il n'y a pas vraiment de symétrie, parce que le Christ, personne divine, préexiste à l'Église, et parce que l'Église est un corps social. Il y a préexistence. Le Christ fait surgir l'Église et il l'aime, tandis que ce n'est pas le mari qui fait surgir sa femme d'une intense pensée d'amour, et hop ! le fantasme devient personne ! Non, ce n'est pas cela. Saint Paul dit : le Christ aime l'Église, et il s'adresse aux femmes : regardez comment le Christ aime l'Église, eh bien, aimez vos maris de la même façon ! Ensuite, il se tourne vers les maris : regardez comme le Christ aime l'Église, eh bien aimez votre femme de la même manière ! Autrement dit, dans la comparaison, c'est la qualité de l'amour du Christ pour l'Église qui doit être le repère, le modèle de l'amour du mari pour sa femme et de la femme pour son mari ; c'est cette qualité de relation, car il s'est donné pour elle. Le Christ s'est donné pour l'Église, alors vous, les maris, donnez-vous à votre épouse comme le Christ s'est donné pour son Église, et de même pour les femmes.

Il est vrai que saint Paul utilise un vocable différent : d'un côté, il parle plutôt de soumission, et de l'autre il parle plutôt de don, mais l'idée fondamentale, c'est le Christ entièrement ordonné à l'Église, qui s'est donné à elle, qui est ordonné à elle. Il n'est pas besoin de beaucoup jouer sur les mots, même en français, pour retrouver cette différenciation qui correspond en fait à deux manières convergentes de dire la même chose. Il y a d'abord un don total, et non pas une prise de pouvoir par rapport à l'autre. La qualité de l'amour du Christ est l'amour qui se donne, c'est-à-dire qu'il est entièrement ordonné à ce salut de son corps mystique qu'est l'Église, et c'est cette qualité d'amour qui doit s'implanter dans l'amour conjugal de l'homme pour la femme et de la femme pour l'homme.

Une grâce unique

Si l'on a compris cela, on a compris le sens du sacrement de mariage, et c'est déjà beaucoup. Déjà, ce n'est pas le Christ d'un côté et l'Église de l'autre, l'homme d'un côté et la femme de l'autre, c'est l'amour du Christ envers l'Église qui doit éclairer l'amour conjugal de l'homme pour la femme et de la femme pour l'homme. C'est pour cela qu'il y a deux paragraphes dans ce passage de saint Paul, c'est très important. C'est pour cela aussi que ce qui est particulièrement heureux dans le texte en français, c'est le mot « comme », qui est répété avec insistance. Dans le sacrement de mariage, il n'y a pas seulement cette réalité source de l'amour du Christ envers l'Église dont l'amour conjugal devient signe : il en devient aussi présence. Le sacrement de mariage fait que, non seulement vous savez que vous êtes appelés à devenir signe par votre amour de cet amour du Christ envers l'Église, mais cet amour du Christ envers l'Église vous est quelque peu communiqué de manière spécifique pour en vivre.

Vous en êtes présence à un nouveau titre. Au titre du baptême, vous êtes déjà présence de son amour sauveur. Le sacrement de mariage a ceci de spécifique qu'il vous communique quelque chose de la vie de Dieu et de la vie du Christ, pour que vous laissiez s'implanter et se déployer cet amour du Christ pour l'Église. Vous êtes rendu capable d'aimer d'une manière qui n'est plus seulement humaine mais déjà quelque peu divine.

On peut dire que cela est impossible aux hommes, car vous rendez-vous bien compte ? Mettons que je me marie. Bien sûr, elle est très gentille, cette femme avec laquelle je me marie, d'ailleurs je l'ai choisie entre mille, après quarante-cinq ans de recherche intense, mais il y a des difficultés, et puis, s'il est vrai que l'ai choisie entre mille, ce n'est pas le cas de ses parents : eux, je ne les ai pas choisis ! Il faut faire attention à cela. De plus, on va vieillir, on va commencer à trembler… « Comment voulez-vous que je me donne totalement ? Oui, j'aimerais bien mais… » Aux hommes, c'est peut-être impossible, mais à Dieu, c'est possible, et surtout cela, car c'est sa spécialité !

Le sacrement de mariage, ce n'est pas simplement une annonce publique, y compris devant Dieu et devant l'Église, qu'on veut vivre une qualité d'amour conjugal élevée, voire qu'on se donne comme horizon l'amour du Christ pour l'Église. Il y a un engagement de notre part, un désir, une dimension sociale, c'est entendu, mais il y a aussi simultanément – et c'est source – don du Christ qui nous communique, qui nous donne part à sa vie. De même que par le baptême, il nous communique une vie éternelle, la vie trinitaire ; de même que par la confirmation, il nous donne une force pour pouvoir témoigner ; de même que par l'Eucharistie, il se communique à nous dans son Corps et dans son Sang pour nous nourrir ; de même, dans le sacrement de mariage, il vous communique une grâce unique, il vous donne part à cette dynamique de l'amour qui va jusqu'à se donner quoi qu'il en soit.

En effet, l'Église est sainte de la sainteté du Christ, mais dans ses membres, ce n'est pas forcément l'idéal tous les jours. Il y a le quotidien, et le Christ ne dit pas : « Oh, ce quotidien m'énerve depuis trop longtemps, j'arrête ! » Il aime quoi qu'il en soit son Église et il se donne à elle pour se la présenter, comme dit saint Paul, *« resplendissante, sans tache ni ride ni rien de tel, mais sainte, et immaculée ».* Le propos de celui qui se marie, c'est vraiment de s'appuyer sur cette grâce qui vient du Christ, cette grâce du sacrement de mariage, cette grâce de pouvoir aimer et de se présenter son conjoint saint, resplendissant, pour travailler à cela et vice-versa. Il faut savoir que le conjoint lui aussi a besoin de se sanctifier et d'être traversé par cet amour qui vient du Christ.

Cet amour est humain et, en même temps, est totalement transformé par le Christ, par qui il va être fortifié, purifié, et devenir resplendissant.

Bénédiction ou sacrement ?

Le mariage dans sa dimension sacramentelle ne déshumanise pas le mariage. La réalité humaine est transformée par une sève nouvelle qui nous est communiquée. Il y a peu de gens qui ont conscience de cela. Il n'y a pas 10 % des gens mariés qui savent ce qu'ils ont reçu dans le sacrement de mariage. La plupart pensent qu'il y a un aspect public et que c'est l'occasion pour l'Église, nous-mêmes et nos amis, de prier pour nous, pour nous fortifier par la prière dans notre engagement. On veut bien, dans cet engagement, s'appuyer sur Dieu par la prière, demander une bénédiction. Dieu bénit. C'est sympa ! Il dit du bien, il vient à notre mariage. Il regarde et il dit : « C'est pas mal ! »

Peu de gens ont conscience de la dimension sacramentelle. Ils en vivent, heureusement, car on ne vit pas seulement de ce dont on a pleinement conscience. Mais on en vit mieux si l'on sait de quoi il s'agit. Et surtout, on en comprend les tenants et les aboutissants.

Mais le mariage chrétien, au sens du sacrement de mariage, n'est pas seulement une bénédiction, même si parfois aujourd'hui, dans le jargon ecclésiastique, nous parlons de « mariage avec une simple bénédiction ». 90 % des mariages célébrés en France aujourd'hui le sont en dehors de la messe, soit pour des raisons liées à la foi ou à la non foi des intéressés, soit pour des raisons liées au fait que le curé a déjà dit trois fois la messe, ou encore parce que c'est un diacre qui célèbre ce mariage, etc. Quand le mariage est célébré en dehors de la messe, c'est-à-dire moins solennellement, on parle d'un « mariage avec une simple bénédiction », mais toujours est-il que cela ne veut pas dire qu'il est moins sacrement que les autres mariages.

Dès qu'il y a mariage chrétien à l'église, cela veut dire qu'il y a sacrement. La bénédiction, c'est très bien, il y a même une bénédiction solennelle. La bénédiction, c'est la réponse que Dieu donne aux hommes qui lui présentent une attitude importante de leur vie, en espérant que Dieu va approuver, qu'il va manifester que ce que l'on a fait était bien dans le sens de ce qu'il nous demandait et selon sa volonté. Vous faites des semailles au printemps, et vous espérez des fruits, des légumes, etc. Vous vous tournez vers Dieu, vous faites des rogations et vous demandez s'il peut bénir les fruits de la terre. Dieu regarde et dit : « Ce n'est pas mal, c'est un peu serré, ces épis de blé, mais ce n'est pas mal, bon ! » Alors Dieu bénit.

Et si Dieu disait non ? Parfois, on dirait que Dieu ne bénit pas, par exemple parce qu'il n'y a pas d'eau, et c'est la sécheresse. Alors, que fait-on ? On fait une nouvelle prière publique pour avoir de l'eau, pour être sûr que l'on est bien dans l'axe de la volonté de Dieu. On bénit les enfants, les maisons, etc. On lui présente des conjoints. « Quoi ? On m'appelle encore ? dit Dieu. Qu'est-ce que c'est cette fois-ci ? Ah ! Des conjoints ! Un mariage ! » Ça a l'air un peu compliqué, mais il bénit quand même. Il ne dit pas tout haut ce qu'il pense. Par exemple : « Il est petit et elle est grande ! » Ce serait désagréable ! À titre d'exemple, j'ai connu des futurs mariés qui ne parlaient pas la même langue, et ils échangeaient un peu en anglais. Dieu bénit. Il est bon. On sent qu'il faut que le courant passe !

On voit bien que la bénédiction, qui était le contenu spirituel du mariage dans l'ancienne alliance, ce qui était déjà quelque chose de très beau, de très fort, n'atteint cependant pas du tout le poids et la richesse de ce qu'est le sacrement de mariage. Une bénédiction suppose que vous agissiez avec vos forces, soutenu par la grâce de Dieu, c'est-à-dire que vous ne ferez que ce que vous décidez. Dieu vous encourage tandis que, dans le sacrement de mariage, il y a une réalité nouvelle qui vous est réellement communiquée pour vivre ce que vous avez choisi de vivre, ce mariage, avec, corrélativement pourrait-on dire, une mission, une exigence nouvelle aussi puisqu'il ne s'agit plus seulement de vivre heureux à deux, de fonder une famille, mais d'être témoin, à travers la qualité de la vie conjugale et familiale, de l'amour de Dieu pour son Église. Vous avez réellement reçu un don nouveau, une participation nouvelle à la vie du Christ, moyennant quoi vous êtes appelés à donner un témoignage à travers le rayonnement de votre amour en actes.

Aimer, quoi qu'il en soit

Il y a une autre conséquence, que malheureusement les gens comprennent mal. Les chrétiens croient que le mariage sacramentel entre deux conjoints catholiques est indissoluble, mais aujourd'hui, beaucoup de gens comprennent mal cela. Ils pensent que c'est fâcheux, que c'est une punition divine pour ceux qui échouent. Même si l'on est d'accord pour le vivre soi-même, on ne l'accepte pas pour ceux qui nous entourent et qui en souffrent, par exemple les personnes divorcées à l'âge de vingt-cinq ans qui vivent un célibat forcé, car il n'y a pas de remariage dans ce cas précis. Certains disent que le Pape n'est pas souple, ni les évêques d'ailleurs, et que de toute façon, ils sont tous trop vieux. Rien n'est souple dans tout cela et ça ne va pas du tout !

De nombreux chrétiens pensent cela. Certains le disent, d'autres, non. Certains le pensent un peu, d'autres beaucoup.

Il y en a même qui disent : « Si c'est comme cela, je me mets en congé d'Église ! » Ils disent cela parce qu'ils ne comprennent pas. Ils ont l'impression que l'Église n'est pas très favorable au mariage et qu'elle dit à ceux qui veulent se marier : « D'accord, mais après, n'y revenez pas ! C'est indissoluble ! Ce n'est pas très marrant, mais c'est comme ça ! » Les gens pensent cela car, selon eux, les lois ecclésiastiques seraient faites par des célibataires endurcis et frustrés forcément opposés au mariage et qui promulgueraient l'indissolubilité depuis le Moyen Âge ! Pourtant, l'indissolubilité est dans l'Évangile, où Jésus dit : *« Ce que Dieu a uni, que l'homme ne le sépare pas.* [1] *»* Ce n'est pas une invention des hommes.

En fait, si l'on comprend le sacrement de mariage comme une simple bénédiction, comme dans l'Ancien Testament, il pourrait y avoir répudiation et remariage. On le voit dans l'Ancien Testament : dans certains cas graves, il peut y avoir répudiation et remariage. C'est prévu par la Loi de Moïse. Jésus dit que c'est à cause de la dureté des cœurs que l'on en est arrivé là. N'empêche que c'est possible. Mais pas avec le sacrement de mariage. Qu'est-ce que cela veut dire ? Cela veut dire que si le mariage sacramentel est réellement occasion de recevoir une participation à la vie de Dieu, à la vie du Christ dans la richesse de son amour pour son Église, il nous rend capables d'aimer notre conjoint comme le Christ aime l'Église, quoi qu'il en soit, malgré toutes les trahisons possibles (non pas de l'Église comme telle mais de chacun dans l'Église par rapport au Christ). C'est-à-dire que celui qui accepte d'aimer comme le Christ va aimer en vivant au moins la qualité centrale de cet amour du Christ pour son Église, qui est d'aimer quoi qu'il en soit, de toujours à toujours, et va accepter d'être transformé par la grâce du mariage pour cela.

---

1. Mt 19, 6.

Nous avons besoin de signes qui nous rappellent que Dieu nous aime quoi qu'il en soit, malgré notre infidélité, et le signe, l'un des signes essentiels à cet égard dans tout l'organisme sacramentel, est celui de l'alliance conjugale.

Je rencontre des gens mariés depuis soixante ans, qui visiblement s'aiment beaucoup. En effet, Dieu m'aime, même tout cassé, tout bancale. Deux vieillards qui s'aiment, même décrépis, tout tordus, de vieux papis, c'est très beau ! Ou bien encore cette femme qui passe les dix ou vingt dernières années de sa vie à soigner un conjoint malade. Ce n'est pas drôle ! : « Il ne veut pas prendre son bouillon… » Mais si le Christ nous aime, cela change tout. Certains disent : « Le Christ ne peut m'aimer tellement je suis moche sur le plan spirituel ! » « Regardez madame Dupont, la pauvre vieille, qui soigne son mari tout flapi ! » « Bah, a-t-on envie de répondre, vous êtes comme le mari, vous n'êtes pas bien non plus, mais Dieu vous aime quand même ! »

En réalité, c'est un témoignage authentique qui est rendu là. Il y a là une grâce qui est donnée d'une nouvelle manière.

Signe de la fidélité de Dieu

Ce qui est essentiel pour tout un chacun, pour l'Église toute entière et même pour les païens qui nous regardent, c'est d'être sûr que Dieu ne nous oublie pas, qu'il ne nous laissera pas tomber malgré nos ruptures d'alliances, nos défauts, nos péchés, nos infidélités, et pour être sûr de cela, il faut des signes qui nous le rappellent, qui actualisent cet amour toujours fidèle de Dieu pour son peuple, du Christ pour l'Église. Et l'un des signes centraux que le Christ a donné à cet égard, c'est l'amour conjugal transformé par le sacrement de mariage, de sorte que si les époux s'aiment d'une manière extraordinairement forte, positive, ils donnent un témoignage en direct et ils nous renvoient à l'amour de Dieu pour nous, il y a fécondité.

Ce signe de la fidélité de Dieu est visible jusque dans les situations les plus difficiles, par exemple dans le cas d'un couple pour lequel ça ne va vraiment pas et où les conjoints décident de mettre des distances entre eux, mais en affirmant qu'ils veulent vivre cette situation sans vouloir refaire leur vie.

Dieu n'a pas dit qu'il voulait recommencer sa vie avec un autre peuple sous prétexte de nos infidélités. Imaginez qu'on annonce ceci à la radio : « Dieu en a marre, c'est fini, il a rompu les ponts. Il fait encore tourner la Terre, mais il va même bientôt arrêter cela et nous bloquer sur la position "nuit". On n'aura plus qu'à attendre et finalement mourir ! »

Dieu, lui, n'abandonne pas son peuple, et c'est plutôt une bonne nouvelle, et pourtant, on peut dire que ça ne va pas, et cela pratiquement depuis toujours. Dieu a connu des déveines avec les hommes quasiment depuis le début, dès la Genèse en fait. Aux chapitres 1 et 2, cela va encore, mais dès le chapitre 3, ça va mal : c'est la chute, le péché. Au chapitre 4, c'est l'histoire de Caïn et Abel : Caïn flanque une gifle à Abel, lequel en meurt. Au chapitre 6, c'est la loi du talion : « Tu me tapes dessus, je te tape dessus deux fois ! » Au chapitre 7, c'est l'histoire de Noé : il n'y a plus un type sérieux sur cette terre ! Il faut construire un bateau, que Noé d'ailleurs n'est pas capable de construire tout seul ! Au chapitre 11, c'est la tour de Babel : les hommes veulent faire de la concurrence déloyale à Dieu. Et encore, il ne s'agit ici que de la Genèse ! Mais après, ça continue ! Dieu dit : « Je vais leur envoyer mon Fils, ça va les bluffer un maximum ! » Mais il est crucifié après avoir échappé à plusieurs lapidations. Pourquoi Dieu n'irait-il pas ailleurs créer un autre monde, en créant un homme gentil, un monde sans serpent surtout, le tout dans une situation bien cotonneuse ? Mais non, Dieu continue, il est fidèle, et le signe de cette fidélité, c'est l'amour conjugal de ceux qui ont reçu le sacrement de mariage. L'indissolubilité n'est qu'une conséquence de cela.

On ne peut dire « Je t'aime » ou « Je t'aime pour vingt ans ». Nous aspirons à aimer d'une manière absolue, dans la durée, mais en même temps, humainement, ce n'est pas évident. Si les chrétiens veulent vivre l'indissolubilité, ce n'est pas parce qu'ils sont entêtés ou meilleurs que les autres, mais c'est parce qu'ils savent qu'ils ont part à l'amour fidèle de Dieu, quoi qu'il en soit. On trouve cela, avant même que soit évoqué le sacrement de mariage, dans le Livre d'Osée, plus précisément dans les trois premiers chapitres. Osée est un prophète, ce qui signifie qu'il parle dans la lumière de Dieu. Le prophète ne prédit pas le futur, comme madame Soleil. Il peut quand même dire des choses sur l'avenir, le présent ou le passé, mais dans la lumière de Dieu. Le prophète tient un discours exhortatif, un appel à la conversion : « Convertissez-vous ! » C'est bien pour cela que l'on n'aime pas les prophètes, car ils mettent le doigt justement là où ça fait mal, où ce n'est pas juste. C'est pourquoi, souvent, on les tue !

Il est intéressant de noter que dans l'inconscient français et européen, on retrouve cette idée. Notre culture est à la fois marquée par le paganisme et le christianisme, et l'on remarque bien des choses significatives, notamment dans la littérature. Si vous ouvrez par exemple les aventures d'Astérix, vous tombez sur le personnage du barde. Ce n'est pas un prophète à proprement parler, mais il y ressemble. Systématiquement, on l'empêche de chanter et, pour ce faire, on le frappe, on le bâillonne et on l'attache à un arbre. Ces prophètes de malheur, il faut les faire se taire ! Toujours dans *Astérix* d'ailleurs, on trouve un autre personnage tout à fait significatif : le druide.

Ce personnage donne à réfléchir, tant il personnifie l'idée que bien des gens se font des prêtres, aimant voir en eux des personnes puissantes capables de trouver une substance qui puisse nous rendre définitivement forts, vainqueurs et heureux. Or, c'est là tout le contraire de ce qu'est effectivement un prêtre, qui présente notre offrande, notre vie toute entière offerte à Dieu. Dans l'inconscient collectif, on attend souvent du prêtre qu'il fasse le contraire de ce pour quoi il est fait.

Osée est en quelque sorte le barde de l'époque dans la mesure où il n'est pas aimé. Avec lui, on invente d'une certaine façon un nouveau style de mission prophétique car, au lieu d'inciter les gens à se convertir, Osée va vivre une sorte de parabole à travers sa propre vie. Il accepte une mission d'un nouveau genre, prototypique. Dieu lui dit : « Va ! » Dieu commence toujours comme cela, il envoie. À un baptisé, on dit d'abord : « Viens ! » pour recevoir la grâce des fils de Dieu par le baptême puis, à la confirmation, on lui dit : « Va ! » pour justement répandre cette grâce qu'il a reçue. Alors Dieu dit à Osée : « Marie-toi ! » Ce n'est pas commun et plutôt sympathique. Imaginez que votre patron vous dise cela ! Tous frais payés, dans le cadre d'un nouveau genre de communication. Aussi Osée est-il content sur le moment, mais sa méprise ne dure que quelques instants, car Dieu lui dit qu'il va se marier avec… Gomer ! On n'aime généralement pas que l'on nous dise avec qui nous devons nous marier mais, en plus, Gomer est une prostituée ! Osée doit l'épouser pour signifier quel est l'amour de Dieu pour son peuple, amour fidèle, plus fort que tout.

CHAPITRE 2

AIMER COMME DIEU

Je voudrais expliciter un peu plus les qualités du sacrement de mariage, du moins certaines, en évoquant la qualité de l'amour de Dieu pour son peuple, du Christ pour l'Église, telle que la Révélation biblique nous la manifeste. En effet, nous pouvons en tirer, en fonction de cette analogie que nous avons vue à travers le sacrement de mariage, des indications sur les qualités qu'il convient de vivre, qu'on peut espérer vivre ou qu'il convient d'acquérir pour bien vivre cette vie conjugale dans la grâce du sacrement de mariage.

Je ne vais pas prendre toutes les qualités de l'amour de Dieu parce que sinon, dans dix jours, nous y serions toujours et même si, bien sûr, vous ne vous en lasseriez pas, nous avons tous d'autres activités qui nous appellent ! Si vous écriviez à votre patron : « Écoutez, nous sommes en train de contempler les qualités de l'amour de Dieu pour son peuple, alors ne m'attendez pas cette semaine ! », je ne sais pas très bien comment ça se passerait ! Peut-être très bien d'ailleurs. Le patron dirait : « Vous avez raison, d'une certaine façon, c'est ce que vous aviez de mieux à faire, allez voir à l'ANPE ! »

Je vais prendre quelques exemples, soit de choses qui me semblent particulièrement soulignées et fortes dans la tradition biblique, soit de choses qui sont peut-être moins soulignées mais plus spécifiques et peut-être plus oubliées.

Un amour de toujours à toujours

La première qualité de l'amour de Dieu, que j'ai déjà évoquée d'ailleurs, c'est son aptitude à s'inscrire dans la durée, ce qu'en termes religieux on appelle la fidélité.

Dieu n'est pas dans le temps mais nous, nous y sommes, et Dieu nous aime en nous y rencontrant. Son amour est de toujours à toujours, pour les siècles des siècles, comme disent la Bible et la liturgie. Dieu est totalement fidèle, il tient dans la durée. S'aimer d'une manière prodigieuse dans l'instant, ça n'a rien de difficile ni de rare, mais vivre une qualité d'amour quotidienne pendant cinquante ans, ce qui est un minimum quand vous vous mariez vers vingt-cinq ans – parce que mourir à soixante-quinze ans, c'est mourir jeune – c'est tout autre chose. Les statistiques disent qu'au temps de Louis XIV, les gens vivaient en moyenne quinze à seize ans mariés ensemble. Les dames avaient des grossesses nombreuses, en mouraient parfois, etc.

Aujourd'hui, il y a d'abord le jeune couple, pour lequel « tout le monde il est beau, tout le monde il est gentil ». Ensuite, il y a le couple qui travaille dur pour payer les traites pour l'appartement, et puis après, on élève les enfants. Après encore, les enfants sont grands et on se retrouve tout seuls. L'appartement est payé. Puis ce sont les différentes étapes de la vieillesse, la petite, la moyenne, la grande et la très grande vieillesse – comptez quatre-vingt-dix-neuf ans ! – et c'est vrai que le mariage, c'est tout cela, qui ne nous paraît d'ailleurs pas forcément évident. Cela semble même un peu fou de faire une telle stratégie à très long terme. Pour des choses humaines, personne ne fait de plan à plus de cinq ans. Regardez l'évolution des taux sur les marchés financiers : sur trois mois seulement, on se trompe à chaque fois. Dans soixante ans, qu'en sera-t-il des conditions de vie ? Vous vous engagez pourtant pour toujours !

Dieu, lui, traverse la durée, les siècles des siècles, admirablement – et pourtant il y a des choses qui n'étaient pas prévues au programme – dans la fidélité. Dieu a un savoir-vivre, un savoir-faire, qui fait qu'il est attaché, accroché au terrain en renouvelant sans cesse la qualité de sa relation pour s'adapter à ceux qu'il rencontre et les conduire jusqu'à lui.

Quoi qu'il en soit de la diversité des langues, des races, des cultures, des étapes dans la vie des hommes, de tout ce que vous voulez, Dieu est toujours présent, fidèle au poste. Quand on veut aimer pour la vie, se repérer par rapport à cette qualité de l'amour de Dieu, à cette fidélité, c'est tout à fait admirable.

Il est à noter que, dans la Bible, cette fidélité est l'une des qualités de Dieu les plus souvent chantées, en particulier dans les Psaumes. On retrouve tout le temps cela avec le peuple hébreu qui trouve magnifique cette attitude de Dieu d'être toujours là, présent en vérité et proposant son amour, son alliance. Quand on dit de Dieu qu'il est fidèle, cela intègre aussi cette aptitude à traverser la durée, non pas une sorte de dureté marmoréenne – évidemment il serait inattaquable et inattaqué et il resterait là quoi qu'il arrive – mais une présence pertinente et qui sait dépasser toute difficulté.

Un amour sans cesse renouvelé...

Dans la fidélité de Dieu est déjà inscrite sa miséricorde. Dieu n'est pas celui qui ne connaît pas l'échec, c'est celui qui passe au-delà de l'échec. Ce n'est pas un amour qui serait parfaitement durable, parce que parfaitement reconnu, auquel on répondrait parfaitement, mais c'est parce qu'il sait intégrer cette faculté de renouvellement. Dieu n'est pas celui qui tout à coup ferme les écoutilles de son cœur sous prétexte que les choses ne correspondent pas à ce qu'il avait espéré. Le temps passant, il voit bien qu'il y a des choses qui ne vont pas. Dieu ne boude pas. Il se peut que les personnes humaines boudent – c'est très laid d'ailleurs ! – mais pas Dieu, et c'est ce qui fait que sa compagnie est très agréable. La compagnie des hommes boudeurs, et des dames boudeuses (ce qui peut arriver aussi !), est très, très pénible.

La bouderie est un système totalement « débile », je dirais même doublement « débile », car c'est un système où l'on peut punir l'autre de ce qu'il a fait, pas fait ou mal fait, en se punissant soi-même. C'est bien compliqué ! La punition est un système moralement et spirituellement inepte dans la vie chrétienne, mais se punir soi-même pour punir l'autre, là, ça relève d'un discours pathologique approfondi ! Et pourtant, c'est extrêmement courant. En tout cas, c'est un système extrêmement pervers parce que si vous punissez l'autre pour une faute qu'il aurait faite, bon, vous le punissez, vous lui donnez un grand coup sur la tête, et puis après, c'est terminé. Il est bien puni, et vous êtes bien content ! Mais en fait, vous vous punissez vous-même en punissant l'autre. Parce que plus vous vous punissez vous-même, plus ça vous fait mal. Plus ça vous fait mal, plus vous êtes amer par rapport à l'autre, et plus vous accentuez les choses : vous vous punissez encore vous-même, et plus encore vous avez mal, etc.

Autrement dit, celui qui boude, au lieu de vivre sans cesse l'alliance dans la fidélité, la durabilité, estime que l'autre a manqué à ceci ou à cela et, pour le punir, il va le priver de sa présence rayonnante, active, aimante. On prive donc de sa présence. Je vais dans un coin et je boude, et vous me dites : « Mais viens jouer avec nous, enfin ! » Je réponds : « Ah, non, je boude ! » Je n'ai pas forcément conscience que je suis en train de bouder quand je boude, mais il y a quand même explicitement une attitude très forte. « Tu m'as dit des sottises, donc je te prive de ma présence en punition ! » Et plus je te prive de ma présence, plus je suis malheureux. Plus je suis malheureux, plus je t'en veux et plus je veux te punir. Plus je te prive de ma présence. Bref, vous voyez, c'est mal parti !

Il y a des gens qui fonctionnent comme cela. Aussi, je vous conseille d'aller mettre un cierge définitif à Lourdes, un grand cierge à quinze euros : restez en prière tant que le cierge brûle – c'est le principe du cierge, sinon ce n'est pas juste ! – un cierge qui dure vingt-quatre heures, et priez pour ne jamais être boudeur, surtout en matière conjugale ! Quand on est trois, on peut encore passablement supporter la situation, mais quand on est deux, c'est vraiment terrible !

Dieu, lui, n'est pas boudeur du tout. Nous, nous lui prêtons d'être boudeur parce que nous le sommes. Quand nous flanquons une grande claque à Dieu, nous nous disons : « Il va bouder, il va se mettre en colère. » Mais dans les faits, non : les faits, c'est que Dieu sauve. Sauver, c'est venir, y compris auprès de celui qui s'est mis dans le pétrin et qui a rompu l'alliance. L'amour conjugal implique cette dynamique, cette durabilité, c'est-à-dire la mise en œuvre de ce renouvellement actif de cette présence à l'autre à travers les changements de la vie.

... et persévérant !

On va en effet beaucoup changer dans la vie. Dans cinquante ans, vous aurez changé. Il faudra faire une retraite jubilaire, et vous verrez ! Moi, je ne serai pas net, mais je ne manquerai pas de souligner le fait qu'il y a ici un ascenseur à votre disposition ! On va beaucoup changer, mais cela ne veut pas dire que l'on va moins aimer. Il y a en effet un renouvellement de la présence à l'autre, en fonction des circonstances, comme pour Dieu d'ailleurs, et cela implique d'intégrer ce renouvellement au service de la fidélité, et pas sous la forme d'un rêve totalement irréel comme s'il n'y avait pas d'échec possible, compte tenu de la qualité de l'amour que l'on éprouve et que l'on vit actuellement. Il y a un dépassement en Dieu des éléments d'échecs éventuels, des points sur lesquels nous ne sommes pas d'accord, des choses qu'on a oubliées et qui font du mal à l'autre. Il y a un dépassement à vivre, c'est-à-dire que, au lieu de bouder, on fait miséricorde et on revient à la fidélité, on la nourrit. Dieu n'est pas celui qui ne connaît pas d'échec dans sa relation amoureuse avec son peuple. Il s'est pris des échecs et il y en a tout le temps, ça n'arrête pas ! Mais Dieu sait traiter les multiples échecs qu'il rencontre avec son peuple tandis que nous, nous ne savons pas toujours bien traiter les nôtres.

Nos manières sont presque spontanées par rapport à un échec, surtout quand il est très valorisé parce que c'est une relation de grande qualité. Un bout d'échec se pointe là et c'est très douloureux. Nos réactions à nous sont assez idiotes. Certains plongent dans le désespoir parce que le conjoint a oublié de fêter un anniversaire. On boude et il n'y a plus rien à faire. Et celui qui boude, lui, ne va pas oublier votre anniversaire : « Bon anniversaire, monsieur ! »

Quant à moi, mon problème n'est pas celui de ne pas oublier l'anniversaire de mon conjoint, et pour cause, je n'en ai pas ! Il me faut surtout ne pas oublier mon propre anniversaire à cause des nombreuses familles qui m'invitent discrètement à cette occasion. Et j'oublie, alors ils se retrouvent seuls devant le gâteau, ce qui n'est pas drôle pour eux ! Pour moi, ce n'est qu'un gâteau de moins, mais pour eux, quelle catastrophe ! C'est pourquoi je suis toujours sur le qui-vive !

Mais Dieu est fidèle dans la durée. Quand il aime, c'est de manière entière, totale. C'est quelqu'un de très entier. Cela ne veut pas dire qu'il n'a pas une finesse subtile, mais il aime et aussitôt il dit : « Je donne ma vie pour toi », et il le fait. Nous, nous disons comme saint Pierre : « Non, non, Seigneur, il ne faut pas monter à Jérusalem, ils veulent te mettre à mort. Ne sois pas aussi déraisonnable, aussi entier ! » Mais Jésus répond, comme au même saint Pierre à Césarée : « Passe derrière moi, Satan ! » Pauvre saint Pierre ! Du coup, Jésus part à Jérusalem quand même, et saint Pierre dit : « Puisque c'est comme ça, on mourra avec toi ! » Dieu est très entier.

Donner sans calcul

Si vous voulez aimer comme Jésus aime dans la logique du sacrement de mariage, il faut accepter ce côté entier, absolu pourrait-on dire, avec ses avantages et ses inconvénients, du moins apparents. Dans le Nouveau Testament, prenons un passage sympathique qui manifeste ce qui se passe quand on dit qu'on va aimer d'une manière totale, mais que cela ne se vérifie pas dans les faits. Le cinquième chapitre des Actes des Apôtres nous raconte l'histoire d'un couple, ce qui n'est pas fréquent dans la Bible. Il s'agit d'une histoire dont, quand on l'a lue, on se souvient : celle d'Ananie et de sa femme Saphire.

Ananie, en accord avec sa femme, vend une propriété. Le texte dit qu'il détourna une partie du prix de la vente en connivence avec sa femme et que, apportant le reste, il le déposa aux pieds des Apôtres. Il faut que je vous explique ce que tout cela veut dire. Il y a quelque chose qui ne va pas dans le fait qu'une partie de la somme soit détournée. Pour les premiers chrétiens qui vivent à Jérusalem, on vit dans la communauté chrétienne en anticipant un petit peu sur ce qui sera la règle de vie des religieux, notamment la mise en commun des biens. Cela ne s'est pas fait très longtemps, mais cela s'est fait un temps à Jérusalem.

Ananie et Saphire forment un couple de jeunes retraités qui s'est retiré dans un pavillon de banlieue avec une grille sur laquelle on peut lire : « Chien méchant ». Ils découvrent les chrétiens qui sont passés en procession dans la rue en chantant. Cela les intrigue, ils se documentent et trouvent cela très bien. Ils se disent qu'ils aspirent à cela depuis toujours et qu'ils ne le savaient pas : « C'est tout à fait ce qu'il nous faut ! » Ils en parlent, ils voient qu'il faut mettre les biens en commun, ils vendent leur maison pour entrer dans la communauté. Or, à l'époque, le marché immobilier n'est pas mauvais, et ils arrivent à vendre. Mais ils détournent une partie du prix ! Il faut voir la mentalité d'un type de soixante-cinq ans, surtout dans le contexte socio-économique de la Terre sainte à cette époque : il y a une inflation à deux chiffres, une fiscalité mouvante et terrible, digne de celle du XXe siècle en France, et ça ne va pas très fort. Il se dit qu'il faudrait peut-être mettre un peu d'argent à la Caisse d'épargne, acheter quelques SICAV sans trop de risques, avec un petit rapport pour le cas où, ne serait-ce que dans le cas d'une opération chirurgicale à faire. Par exemple, pour soigner un décollement de la rétine : c'est coûteux et en plus, il faut aller se faire soigner à Jérusalem ; il ne faut pas que ce soit la communauté qui supporte cela. Ils placent donc 10 000 euros. Saphire, elle, dit qu'elle doit faire quelques achats : des chaussures, des vêtements chauds, parce que les communautés religieuses, en général, ce n'est pas très chaud ! On fait donc pour 1 500 euros de courses. Ananie prend le reste, le met dans une brouette, et dépose le contenu aux pieds de saint Pierre. Vous vous demandez peut-être où je trouve tout cela ? Eh bien, en lisant entre les lignes !

Il y a l'accueil d'un nouveau chrétien par saint Pierre. La vente de la maison a rapporté 100 000 euros. Il y a

10 000 euros sur un compte à la Caisse d'épargne, et 1 500 euros ont été dépensés dans des achats divers. Cela fait encore une jolie somme pour les chrétiens de Jérusalem, qui n'avaient pas beaucoup d'argent. Cela, on le sait car saint Paul faisait des quêtes. On peut penser que le don de Saphire et Ananie est quand même valable. La suite du texte vous fait assister à l'accueil d'Ananie par saint Pierre : « Ananie, lui dit alors Pierre, pourquoi Satan a-t-il rempli ton cœur, que tu mentes à l'Esprit Saint et détournes une partie du prix du champ ? » Ananie se dit : « Gloups ! Ce n'est pas tout à fait ce que l'on m'avait dit ! » Saint Pierre continue : « Quand tu avais ton bien, n'étais-tu pas libre de le garder, et quand tu l'as vendu, ne pouvais-tu disposer du prix à ton gré ? Comment donc cette décision a-t-elle pu naître dans ton cœur ? Ce n'est pas à des hommes que tu as menti, mais à Dieu. En entendant ces paroles, Ananie tomba et expira », terrassé sans doute par une crise cardiaque. On l'enterre.

Au bout de trois heures, c'est-à-dire le temps qu'il faut à une femme pour faire les courses, Saphire entre. Elle ne sait pas ce qui s'est passé. Personne ne l'a prévenue quand elle faisait les courses chez Monoprix. Elle entre et elle a apporté des fleurs pour la Sainte Vierge. « Comment donc avez-vous pu vous concerter pour mettre l'Esprit du Seigneur à l'épreuve ? » lui dit saint Pierre en guise d'accueil. Elle apprend que son mari est mort et enterré et meurt elle-même immédiatement après.

Bonne nouvelle de Jésus-Christ ! C'est un texte extraordinaire, dense, il y a de l'action ! Mais on ne le lit pas beaucoup ! Imaginez un nouveau chrétien qui lit ce texte. Quand même, ça paraît un peu dur, ce Dieu qui fait mourir des gens en un tour de main, c'est impressionnant !

Quand vous formez le projet de donner totalement quelque chose et qu'après vous commencez à rogner sur les bords, que vous ne le faites pas, vous êtes dans une situation de mort spirituelle. C'est vrai pour les questions d'argent.

Je me souviens à ce sujet d'une femme très riche qui est venue me voir un jour pour faire un don d'argent – j'avais dû prêcher sur l'aumône – et qui se trouvait fort embarrassée, car elle était avare, et elle voulait faire un don pour se libérer. Elle voulait aussi un reçu fiscal. Nous avons cherché une œuvre, et elle a voulu faire son don tout de suite. Elle a fouillé dans son sac, plein de machins, mais catastrophe, elle n'avait pas son chéquier ! Heureusement, elle avait son porte-monnaie, bourré à l'époque de billets de 500 francs et de ferraille. Je voyais bien que cela la travaillait. Finalement, elle a donné un billet de 100 francs ! Au total, entre la lettre d'envoi, la lettre d'accompagnement, il m'a coûté cher, ce don ! Je pense qu'elle en a eu une joie médiocre !

Pour certains, quinze euros, ce n'est pas grand-chose, tandis que pour d'autres, c'est une somme. Alors, quand ce n'est plus de l'argent ou une chose à laquelle vous tenez, mais vous-même que vous projetez de donner, faites attention ! C'est un don total. « Je me donne à toi et je te reçois. » Il n'y a pas de prise de pouvoir. Ne dites pas au bout de dix ans : « Va en vacances chez ta mère ! » Un don « telle que tu es et tel que je suis », et non pas « telle que je te rêve et tel que je me rêve ».

Attention à ceux qui rêvent à un idéal, chevaleresque ou autre, souvent très haut, très noble. On oublie le jugement, et on aime la personne dans la mesure où elle correspond à son idéal. Par exemple, telle personne estime que telle autre correspond à 80 % à son conjoint idéal : « Je t'aime bien, mais il faudrait que tu progresses socialement ! » Dans ce cas, on n'aime pas d'une manière absolue. On rêve son conjoint plus grand ou plus petit... Ça joue d'ailleurs souvent sur les choses extérieures, sur le métier, etc.

Or le texte nous dit : « Il tomba et expira. » Ne faites pas cela le jour de votre mariage ! Donnez-vous totalement ! Il faut en profiter, c'est une opportunité ! Quand on envisage la chose, on trouve cela très bien, mais quand il s'agit de la vivre, on trouve que ça l'est moins !

Aimer en vérité

Dieu m'aime de manière préférentielle. Nous, quand nous aimons quelqu'un, c'est souvent à l'exclusion des autres. Pour Dieu, cela signifie qu'il aime chacun d'une manière qualitativement étonnante. Autre manière de le dire : Dieu, quand il m'aime, ne cherche pas à « se caser », et nous, quand nous aimons, nous ne cherchons pas à nous caser. Le mariage ne consiste pas à trouver une case, à la façon d'un oiseau qui, partant de Chicago aux États-Unis, se trompe de chemin : au lieu de partir vers l'Ouest, il part vers l'Est. Évidemment, au-dessus de l'Atlantique, il a du mal à trouver un arbre pour se reposer au bout d'un moment ! Dès qu'il trouve quelque chose, n'importe quoi, un iceberg, il se case.

L'amour conjugal, ce n'est pas chercher à se caser. Au mieux, chercher à se caser, c'est penser à soi et réaliser qu'on n'a pas trouvé chaussure à son pied, pour se dire ensuite qu'il vaut mieux avoir des chaussures qui font un peu mal que pas de chaussures du tout ! Ce n'est absolument pas honnête pour celui ou celle avec qui on se marierait dans ces conditions-là. C'est une relation complètement tordue. Ce n'est pas du tout le don de soi-même à l'autre. On cherche son épanouissement. On ne se complète pas trop mal, et ça évitera de se traîner seul dans ces épouvantables voyages organisés pendant un mois l'été ! Du moins, on sera à deux. On pourra le soir jouer aux dominos, car il faut être deux au moins pour jouer aux dominos ! Ça, c'est se caser, et c'est horrible !

Ce n'est pas du tout le projet de Dieu ! Je comprends que l'on soit fatigué, seul. Ainsi, certains ont des hommes ou des femmes de compagnie. On ne pense jamais à ça, encore que, quand on fait la radioscopie de la relation de telle personne avec telle autre, on peut retrouver cela. C'est vrai que c'est en quelque sorte arrangeant. Mais l'amour à la manière de Dieu n'est pas du tout arrangeant. Comme disait Emmanuel Mounier, il faut bien qu'il y ait quelque chose d'anormal parce que l'on sent les limites de l'autre ainsi que nos propres limites à aimer. Tandis que l'amour arrangeant, c'est l'amour « pépère », sans problèmes.

L'homme, ce n'est pas du tout Dieu. Dieu, c'est l'amour total. Mounier dit aussi : « Tout amour trop harmonieux est partiellement tissé de mensonge. » C'est vrai qu'il y a une certaine manière d'aimer qui se veut harmonieuse quand on aime quelqu'un, mais la charité ne va pas sans la vérité et donc tout amour implique un regard exigeant sur nous-mêmes, un regard sur l'autre. Il ne faut pas se satisfaire de quelque chose qui n'est encore que médiocre. Il faut du temps, il faut grandir.

Certains imaginent se connaître au bout du sixième mois. C'est d'une telle vanité que les gens ne se rendent même pas compte à quel point c'est ridicule ! Parfois, on ne parle même pas la même langue, on a encore cinq ans d'études à faire à trois mille kilomètres l'un de l'autre, il y a des difficultés matérielles, les parents sont opposés à nos projets, mais on s'aime d'une telle manière que cela répond à toute objection. Mais deux ans après, si effectivement cet amour est fort, on se rend compte que l'on se connaissait très peu. Il faut du temps pour aimer d'une manière totale. C'est pour cela que cinquante à soixante ans de mariage me semblent être un minimum pour commencer à approfondir les choses ! Il faudrait faire célébrer des jubilés : cinquante ans d'amour ! Il paraît qu'il faut quinze ans pour faire un beau gazon anglais, et encore, avec un climat adapté. Je pense qu'un véritable amour conjugal demande plus de soin qu'un beau gazon anglais !

Un amour total

Je voudrais évoquer cette autre qualité de l'amour de Dieu pour son peuple qui est son caractère total, et qui va se retrouver dans le mariage, au-delà de la durée et de la fidélité. Cet aspect est moins connu et moins souligné. Quand Dieu se met en colère, et nous n'aimons pas que Dieu se mette en colère dans la Bible parce que cela nous paraît brutal, il dit : « Je vais tout casser ! » Je trouve cela très bien, parce que j'aime bien les choses un peu fortes, et si j'avais un Dieu mou, ça n'irait pas. Mais un Dieu qui s'engage !

Que signifie la colère de Dieu ? Cela ne veut pas dire que Dieu se met en colère comme nous, nous pourrions le faire, cela veut dire que nous avons du prix aux yeux de Dieu, qu'il n'est pas indifférent, qu'il ne s'en moque pas. Dieu est prêt, selon les images anthropologiques de la Bible, à tout casser plutôt que de nous perdre. Cela donne l'impression que Dieu fume, que c'est pire que le Stromboli en éruption. C'est sérieux. Un Dieu qui s'en moquerait dirait : « S'ils ne sont pas contents, j'irai voir ailleurs. » Mais Dieu ne s'en moque pas : « Comment ? Il y en a un qui ne veut pas me regarder en face ? » dit Dieu. Il est complètement pris par son amour pour nous. Voilà, c'est cela, l'amour total de Dieu. Il ne faut pas que cela se traduise pour autant par des violences ou des colères dans le couple ! Dieu dit : « Je meurs sur le champ si tu ne m'aimes plus ! » Dieu est comme cela tout le temps. Abraham ou Moïse tentent de temps en temps de calmer la colère de Dieu, et Dieu se met encore plus en colère !

Un amour qui s'adapte

Une autre qualité de l'amour de Dieu réside dans le fait que Dieu construit l'égalité avec celui qu'il aime. Il prend sa condition. Dieu est Dieu, et il s'éprend d'amour pour les hommes. Ça, c'est une affaire ! Autant être une fourmi et vouloir être aimée par un éléphant ! Il y a cependant plus de différence entre un éléphant et une fourmi qu'entre Dieu et nous ! Ce n'est pas une question de taille, d'ailleurs. Dieu se rend compte que l'éléphant a du mal à aimer la fourmi, que la fourmi a du mal à se laisser aimer par l'éléphant, ne serait-ce que parce que la fourmi a peur, car quand l'éléphant s'approche, il marche sur la fourmi, et c'est fichu pour elle : c'est un pâté de fourmi ! La fourmi se dit qu'être aimée par un éléphant, ce n'est quand même pas facile, alors nous, quand nous voyons Dieu qui approche…

Dieu a bien compris que pour nous aimer et pour que nous nous laissions aimer, il fallait qu'il y ait une certaine proportion. Or, comme il y a une disproportion totale entre la sainteté de Dieu et la pauvreté de la nature humaine, et que nous sommes marqués par le péché et les conséquences du péché, Dieu va devoir en quelque sorte s'adapter à notre situation, à notre vie. C'est ce qu'il fait en prenant notre condition humaine. Il y a là une adaptation totale. Ce n'est pas simplement une visite où il marche avec précaution pour ne pas nous écraser, mais il prend véritablement notre condition en toutes choses, excepté le péché.

Dieu nous aime au point de prendre notre condition, y compris dans ce qu'il y a de plus pénible, pour pouvoir s'approcher de nous, manifester cet amour et permettre notre amour en retour. Tout amour humain qui se construit sur le modèle de l'amour de Dieu pour nous, et notamment l'amour conjugal à travers le sacrement de mariage, va devoir s'interroger et se construire en tenant compte de cette dimension, de cette adaptation, de cette prise de condition de l'autre.

Il faut apprendre à laisser l'autre entrer dans ma condition. Ce n'est pas très facile, parce que dans l'amour conjugal, un homme tombe amoureux d'une femme et une femme d'un homme, ce sont tous les deux des personnes humaines, alors on évite dans la mesure du possible d'associer un nain avec un géant – encore que – mais on prend des gens dans des conditions à peu près similaires, même quand le roi est amoureux de la soubrette.

En fait, nous éprouvons de grandes difficultés à cela. Vous, par exemple, vous aimez quelqu'un, mais ce qui vous agace, c'est qu'il a une mauvaise santé : il est sujet au rhume des foins. Deux mois par an, il a un nez gros comme un melon et rouge comme une tomate, il est toujours à renifler, se moucher, tousser, cracher, avec les yeux qui pleurent ! Rien que pour cela, on ne pourra même pas se marier au mois de mai ! Il va falloir attendre le cœur de l'hiver sinon, les photos de mariage, je ne vous dis pas ! Et on dit : « Soigne-toi, mon gaillard, va voir le médecin ! » Il faut s'entendre dire cela.

Pour d'autres gens, c'est la famille. Pour lui, c'est une famille cultivée, mais pour elle, ce n'est pas du tout son truc : « Ah, tes parents ! Ils ne pensent qu'à leur maison, leurs habitudes sociales, ils portent une cravate à table, deux même, une devant et une derrière ! » Si vous vous mariez avec quelqu'un, il faut adopter sa famille, lui-même, avec ses déboires de santé, ou encore son marcher lent : « Il est lent ! Pour arriver à la messe de 10 heures, il faut se préparer dès sept heures ! » Il y a encore ceux qui sont désordonnés. Ou celui qui a un frère handicapé qui une fois sur deux se met à hurler : faut-il l'inviter au mariage ? Si j'aime comme Dieu, je prends la condition de l'autre, et l'autre, il a son frère dont il devra s'occuper après la mort de ses parents. Autre exemple : sa manière de manger, de s'habiller, et plein d'autres choses encore. Sa condition, c'est qu'il a appris à manger avec les mains : le couteau, c'est dangereux ! Vous pouvez quand même lui proposer une cuillère et une fourchette !

Il ne s'agit pas ici simplement de respecter l'autre dans sa différence, encore que cette différence puisse être sympathique par certains côtés, mais encore de s'impliquer dans la condition de l'autre, de la prendre. Dieu a pris notre condition, il s'est anéanti lui-même a dit saint Paul aux Philippiens. Mon moi doit se vivre différemment. C'est loin d'être facile ! Quand on a quarante ans, on n'est plus très malléable : « Il a des habitudes de célibataire ! » Il y a aussi les richesses de l'autre que l'on prend. Inversement, il faut accepter de partager notre condition avec l'autre, que l'autre entre dans notre condition. Bref, il faut construire l'égalité.

Dans Jean 15, 15, Jésus appelle ses Apôtres : *« Mes amis »*. Nous quittons une relation *a priori* inégalitaire de serviteur à maître pour entrer dans une relation *a priori* égalitaire, d'ami à ami. Et la preuve, dit Jésus, c'est que *« tous les secrets de mon Père, je vous les ai fait connaître »*. Vous êtes vraiment entrés dans l'éternité de ma vie. Celui qui aime vraiment doit tout quitter. Il ne faut pas nier les différences mais accueillir l'autre, y compris dans ses différences. L'homme accueille sa femme et inversement. Il faut prendre la condition de l'autre, y compris et d'abord dans ce qui est pauvre chez l'autre, et vice-versa, en vue de grandir. Jésus prend la condition des hommes, lui qui était Dieu, pour que les hommes reçoivent la condition de Dieu. Dieu s'est fait homme pour que l'homme devienne Dieu, par participation à la vie éternelle.

Nous aimerions, dans notre naïveté et notre intelligence toute humaine des choses, court-circuiter et aller directement vers ce statut privilégié sans passer par l'humiliation, et nous avons du mal à comprendre pourquoi Dieu s'est incarné. Et nous aimerions d'emblée entraîner l'autre dans la richesse de notre condition et participer à ce qui est riche dans sa condition. Le chemin vrai selon le Christ, ce n'est pas d'abord cela, mais c'est de vivre en cohésion une communion en accueillant l'autre. Il faut discerner ce qui doit être apprivoisé, purifié, développé, déployé.

« Connais-toi toi-même »

J'ai pris des exemples assez extérieurs, comme celui de la famille de l'autre. Mais la famille, ce n'est pas seulement une question de relation avec les beaux-parents, mais aussi avec vous-même et avec le conjoint. Finalement, accueillir, ce n'est pas d'abord une question de conditions extérieures, mais intérieures. Il s'agit de ce que nous sommes en nous-mêmes, ce qui implique que nous nous connaissions nous-mêmes. Si on ne se connaît pas, on ne peut pas avancer. Dans notre vie spirituelle par exemple, c'est très clair. Elle a ses richesses et ses pauvretés. Souvent, c'est le silence radio. Cela paraît très difficile d'en parler avec quelqu'un d'autre.

Il faut aussi s'interroger sur ses propres parents : comment est-ce que je vis ce lien avec mes parents ? Peut-être qu'il y a une vieille querelle, une relation abîmée : cela, c'est une pauvreté radicale.

Qu'en est-il aussi de mon rapport à l'argent et aux biens ? Ce n'est pas forcément très net. Il est parfois sain, et il n'est parfois ni simple, ni sain. Certains n'y ont jamais réfléchi. D'autres, si, par exemple lors d'une mise en examen : vous voilà bien obligé d'y réfléchir ! Un type vous dit que vous avez volé. Tout le monde n'a pas cette occasion assez forte d'être mis en examen pour ABS (abus de biens sociaux). C'est très à la mode, et cela peut être l'occasion d'un bel équilibre, ou au contraire d'un grand déséquilibre dans ma relation avec l'argent. Il y a parfois un désordre qu'il faut apprendre à reconnaître : par exemple, j'achète n'importe quoi. Ou bien je n'achète rien, mais j'envie tout, et je passe des heures dans les magasins. Évidemment, si vous épousez quelqu'un qui a un rapport à l'argent et aux biens très difficile, c'est-à-dire en fait des goûts de luxe, ça ne va pas être drôle tous les jours, et il faut faire quelque chose. Lui dire par exemple : « Mon pauvre, comme tu es avare ! »

Pour finir, on peut aussi envisager le rapport au corps : il y a des gens qui ont un rapport avec leur corps qui n'est pas gai. Inévitablement, dans le mariage, si votre rapport avec votre corps est tordu, il ne va pas être facile d'exprimer votre amour avec votre corps, c'est gênant et douloureux. Ne faites pas comme cette mère de famille qui me disait : « Je déteste mon corps ! » J'avais envie de lui dire : « Votre corps n'est pas si mal ! »

CHAPITRE 3

FORTIFIER L'ALLIANCE

Ce qui tue l'amour

Il y a une tentation que nous trouvons dans l'attitude du peuple hébreu face à l'amour du Seigneur, que j'appelle « le murmure et la récrimination ». On voit apparaître cela très souvent, dans le contexte de la sortie d'Égypte notamment, en particulier dans le onzième chapitre du livre des Nombres, parallèle au livre de l'Exode. Dieu voit la misère de son peuple en Égypte, et décide d'une grande action de salut, de libération. Il réussit l'opération magnifiquement et fait traverser la Mer Rouge à pieds secs à toute la foule des Hébreux. C'est quand même une belle opération logistique, impeccablement réussie ! Quand les Hébreux arrivent de l'autre côté de la Mer Rouge, qu'ils sont libérés et que les Égyptiens sont défaits, ils font un hymne de reconnaissance à Dieu, le *Cantique de Moïse* – qui dure entre trois et cinq minutes, selon que l'on reprend ou pas le refrain ! – avant de s'écrier, surtout les messieurs : « Bon, c'est pas tout ça, mais il faudrait quand même peut-être penser à manger ! »

Or, Dieu avait prévu la logistique gastronomique et il fait tomber la manne. La manne, c'est un peu comme de la semoule, c'est tout cuit, il n'y a plus qu'à manger. C'était commode, pas mal, et gratuit. Alors, on mange la manne. Et puis le soir, quelqu'un demande : « Qu'est-ce qu'il y a ? La manne ?

Bon ! » Le lendemain, la manne. « Encore ! » Ils râlent parce qu'ils sont privés de concombres, de melons, des poissons pourris, parce qu'en captivité en Égypte, on leur donnait des poissons pourris qui surnageaient sur le Nil, évidemment ! « C'était quand même bien quand on était en captivité, on avait les pelures de pommes de terre, tandis que là, on n'a plus que la manne ! »

Dieu a supporté cela. Il y en a un écho dans le Psaume 94. Le psalmiste fait dire à Dieu qu'il en a assez : « Je vais les faire tourner dans le désert, vous allez voir ! » En fait, Dieu ne l'a pas fait, mais les gens ont pensé qu'il allait le faire et que ce serait justice. Donc, on râle. Râler ne détruit pas la relation, mais ça l'abîme, ça l'use. Moi, je pensais que quand un couple se disputait ou ne s'entendait pas bien, c'était à propos de choses importantes. Quand j'ai commencé à recevoir des gens qui me disaient qu'ils n'allaient pas bien, je relisais tout de suite mon catéchisme en me disant : « Ils vont me poser des questions sur des points clés de la théologie et de la vie chrétienne, ils ne sont pas d'accord sur l'approche du mystère trinitaire par exemple. » Eh bien, je n'ai jamais vu cela !

En fait, je n'ai jamais vu un couple qui se disputait pour des raisons importantes, même pour l'éducation des enfants, qui suppose pourtant des choix fondamentaux. Ce que j'ai vu, y compris de la part de gens cultivés, ce sont par exemple des problèmes d'habits : « Il ne met jamais de cravate, sauf une, horrible, que lui a offerte sa mère ! » ; « Mais jette cette vieille veste ! » ; « Il conduit n'importe comment ! » ; « Il bouffe plutôt qu'il ne mange ! » ; « Ta soupe n'est pas mal, mais elle n'est pas assez chaude ! » ; « Tes nouilles, il y a un problème au niveau de la cuisson ! » On se dispute le plus souvent sur des détails, sur des horaires, et pour toutes ces choses, on murmure, on récrimine : « Ce qu'il est écœurant ! » L'autre entend.

On ne lui parle pas vraiment, mais il est sensé entendre. On parle à un tiers. Dieu a supporté cela pendant des générations ! Il y a aussi une sorte d'usure de l'amour qui peut amener à récriminer. Il y a des gens qui penchent vite de ce côté-là et qui récriminent facilement. Ce n'est pas très grave, mais cela ne facilite pas la douceur de la manifestation de l'amour. Et puis, si l'on n'y prend garde, cela peut se dégrader jusqu'au soupçon sur l'amour de l'autre : « Ils sont tous pareils, il n'y a rien à en tirer, ils sont nuls, il faut vivre avec ! »

Une révision régulière

Évidemment, le « murmure » et la « récrimination » ne vont pas dans le sens de la joie d'aimer, et il faut en sortir. Il est vraisemblable qu'il y a la tentation de tomber. Il ne faut surtout pas céder aux difficultés, ce qui implique une vigilance, laquelle est à construire, à mettre en place. Il faut mettre en place un système pour réguler les choses, vérifier où l'on en est et revenir à cette célébration de l'alliance, revenir à la qualité d'un amour qui est là mais qui a besoin de s'exprimer, de se fortifier, de se purifier. Cela implique la mise en œuvre de quelques procédures.

Il faut d'abord avoir un moment assez personnel et en couple pour discerner assez régulièrement, pour faire le point, vérifier que les choses vont bien ou qu'une fragilité apparaît. En effet, si l'on ne prévoit pas cela d'une manière fixe – comme la messe du dimanche pour adorer le Seigneur –, le jour où l'on a envie de faire cette explication, cela devient difficile et c'est l'occasion de faire d'un problème une montagne, alors que ce n'était pas forcément le cas au départ. Il faut donc créer l'occasion.

Quand on aime, on a tendance à vouloir que les choses soient plus ou moins harmonieuses, et on dit : « Il m'énerve avec ses remarques sur ma soupe ! », mais on ne peut empêcher l'autre de parler, et l'on garde cela en nous jusqu'à la crise d'hystérie : « Ça fait dix ans que ça dure ! » Il faut pouvoir quoi qu'il en soit vérifier que tout va bien, ou qu'une fragilité revient, pour la traiter. Il faut faire un examen de conscience, c'est-à-dire un discernement devant Dieu et devant les hommes sur notre situation de vie concrète face à nos engagements principaux. Cela doit correspondre à un discernement à deux. De même que le peuple hébreu, par l'intervention des prophètes, est amené à vérifier son attitude devant Dieu, à corriger les choses, de même il est bon de pouvoir vivre cela. Il faut mettre en place quelque chose de quotidien, même bref, sinon il y a quelque chose de faux, tel l'énervement quotidien de la soupe froide ou de la cravate que je lui ai offerte et qui dort dans le placard !

Comment se termine une journée marquée par des tensions qui n'ont pas été apaisées à deux ? À 20 h 45, l'autre a déjà oublié, comme on oublie parfois où la voiture est garée. Il a ramené les clefs, mais on passe une heure à les chercher. Le réservoir est vide. Le lundi matin, il faut faire la queue à la pompe avec tous les autres. Allez le lundi matin à la pompe du quartier voir tous les conjoints mécontents ! Pour en revenir à la fin de journée, vous remâchez le truc, surtout les femmes. À 22 h 30, on se déclare fatiguée. On continue à rabâcher quand même, quand soudain l'autre déclare guilleret : « Chérie, je t'aime ! » On se dit à ce moment-là : « Il se moque de moi ! » À 22 h 45, on accepte que l'autre manifeste le « Chérie, je t'aime ! » d'une manière appropriée pour un couple. On va accepter les gestes et les paroles de l'amour, alors même que l'on n'est pas tellement prête ni disposée à les vivre.

Cela aboutit à une dissociation progressive, fréquente, entre ce que je vis et ce que j'accepte de vivre, de dire et de manifester. Les gestes et les paroles ne correspondent plus à la réalité. Cela est mortifère, en particulier vers cinquante/soixante ans, s'il n'y a pas un petit chemin de réconciliation. Il faut un nettoyage assez fréquent, sinon il y a une sorte de mensonge, pas très grave, mais qui finit par abîmer cette dynamique de l'amour qui se manifeste, qui se dit, et qui a besoin de se dire en vérité.

Quelle prière conjugale ?

Priez en couple, par exemple chaque soir, en récitant le *Notre Père* ensemble : ça dure onze secondes, moins en latin mais plus en chinois ! Pour les premières invocations, pas de problème, mais la suite nous dérange, et on y joint souvent silencieusement un petit commentaire personnel et/ou conjugal :

« Que Ta (ma) volonté soit faite » : en effet, Dieu aurait tort de ne pas penser comme moi qui ai une pensée si droite.

« Donne-nous aujourd'hui notre pain de ce jour » : plein, vas-y !

« Pardonne-nous nos offenses » : n'hésite pas, il n'y a pas de mal à ça !

« Comme nous nous pardonnons à celui que j'aurais offensé » : tu ne m'en veux pas pour la soupe ?

« Ne nous soumets pas à la tentation, mais délivre-nous du mal. » À travers ces ultimes demandes, il y a un geste d'alliance refait. On peut reprendre le dialogue dans la transparence : rien que la prière ensemble le permet.

Autre exemple, vous pouvez aussi pratiquer une fois par semaine le *Je confesse à Dieu* commun. Se confesser cet amour et ce qui l'a blessé aide à revenir à l'amour pur. Là encore, pour chaque formule, on peut faire cette prière d'une manière plus conjugale.

« Je reconnais devant mon conjoint chéri que j'ai beaucoup péché. » C'est intéressant, car en fait, ce qui me blesse, ce n'est pas tant que l'autre fasse des impairs que le fait qu'il ne les reconnaisse pas ; qu'il vous marche sur les pieds, ne le reconnaisse pas, et même vous enguirlande ! C'est bien pour ceux qui ont toujours raison !

À propos de la reconnaissance de son péché, on peut remarquer que souvent on pèche par omission : « Tu n'as pas fait cela. » Il faut voir les personnages de Mauriac dans *Le nœud de vipères* : le bonhomme n'en loupe pas une par rapport à sa femme. Quand il revient plein de bons sentiments, elle est morte. C'est un peu tard ! Il fait dire des choses gentilles au couple attaché à la maison depuis toujours : « Et comment va votre fille ? – Mais Monsieur sait bien que notre fille est morte il y a trois ans. » L'omission dans le couple peut avoir des effets redoutables. On a oublié de lui fêter son anniversaire. On regarde un film drôle pendant que le beau-père est malade dans la pièce à côté et on n'y a même pas pensé, alors qu'il ne va pas fort.

« Et toi aussi mon conjoint chéri. » Il y a là l'Alliance. Si cette prière a lieu d'une manière non pas purement formelle, mais pensée, par un petit chemin quotidien, on vérifie la qualité de notre relation et finalement on trouve l'humilité de celui qui se sait pécheur, qui veut avancer, et qui appelle l'autre à l'aide pour avancer davantage. S'il y a quelque chose de plus grave, de plus rude, un soupçon, il y a là la possibilité de faire quelque chose. On fait une pause dans le *Confiteor* pour reconnaître les choses : « Il faut que je te parle ! »

Pas un procès, mais un projet !

Il faut donc se fixer un petit rendez-vous pour vider notre amertume, manœuvrer la soupape de pression. En fait, quelles que soient les tentations qui menacent la qualité de cet amour pour l'autre, à l'image de celles qui menacent l'amour du peuple hébreu pour Dieu, c'est toujours la même réponse, la même méditation. Il s'agit de faire la vérité par rapport à nous-mêmes, de faire un diagnostic, d'opérer un discernement sur nous-mêmes, et d'avoir ensuite le courage de demander, de proposer le pardon et ainsi de reprendre l'alliance. On peut ainsi demander pardon parce qu'on estime qu'on est responsable de telle ou telle chose fâcheuse, ou pardonner parce que l'autre est responsable de quelque chose de regrettable. Ce qui est également en jeu, c'est le désir de faire rejaillir la volonté commune de construire l'alliance. À la limite, peu importe qui est responsable. Il faut manifester ce désir de construire l'alliance, le vérifier, serrer les boulons au-delà des déclarations de principe, ajuster, fortifier par rapport aux fragilités. Il y a des moments où l'on sent vraiment que l'on est prêt à lâcher prise, à se résigner : c'est le moment où il faut agir !

L'humble courage

Au service de cette reprise d'alliance, il y a un discernement à faire, un courage de parler et, au cœur de cette parole, il y a quelque chose que nous ne comprenons pas bien aujourd'hui, qui est l'aveu. Cet aveu se vit par rapport à Dieu, dans la reprise d'alliance avec Dieu au cœur du sacrement de réconciliation, et pas seulement dans ce cadre d'ailleurs, mais aussi dans toute reprise d'alliance interpersonnelle. L'aveu est une parole par laquelle on souligne la richesse de cette alliance. On remarque que cette alliance a été abîmée de notre fait, et on va discerner en quoi il y a eu faute portée contre elle : dénoncer la faute pour annoncer son amour.

L'aveu est toujours un aveu d'amour qui se concrétise, se précise, s'authentifie par le désaveu, la dénonciation de ce qui est contraire à la logique de cet amour. Il ne s'agit pas de se plonger dans la culpabilité, au contraire. Il s'agit d'un acte fort de liberté et de libération où l'on va s'enrichir, célébrer l'amour et l'alliance qui nous rapproche, même si elle a été abîmée, voire rompue. Et nous allons permettre cette reprise d'alliance en discernant au plus juste et en dénonçant, en mettant loin de nous ce qui est cause de cet affaiblissement ou de cette rupture d'alliance.

En tout cas, c'est de la chirurgie précise, pas une amputation grossière sur la partie mauvaise : je ne me dénonce pas moi, mais je dénonce ce qu'il y a d'éventuellement mauvais ou d'insuffisant dans ma vie. C'est quand même assez différent. Je ne dis pas : « Je suis un méchant » mais « Je vaux plus que ce que j'ai fait. » Fondamentalement, j'ai une liberté qui est orientée vers le bien et je veux vivre de cette alliance qui est pour moi essentielle, mais je constate effectivement que je l'ai mise à bas en faisant ceci ou cela que je dénonce.

Celui qui fait cet aveu met un peu à nu sa liberté puisqu'il reconnaît la fragilité de cette liberté, il s'en remet à l'autre. Ce n'est pas le moment de répondre : « Je t'écrabouille ! » Il faut dire ce qu'on attend de celui à qui on fait cet aveu. C'est un appel au secours, un renforcement, un acte éminent de liberté de la part de l'un et de la part de l'autre. Cela demande de l'humilité, mais ce n'est pas dégradant, au contraire.

Un repenti vrai, et des efforts concrets !

Il ne s'agit pas seulement de vivre cet aveu, il s'agit aussi de proposer quelques mesures pour sortir du marasme dans lequel nous avons pu éventuellement tomber. Il y a des ruptures d'alliance et on s'alourdit. Si je dis : « Je me rends compte que j'ai fait cela, qui n'est pas juste ; j'ai alourdi cette alliance au quotidien, c'est très, très mal, je vaux plus que cela et je te propose de repartir sur mon désir fondamental de vivre cette alliance », c'est bien mais, surtout s'il y a eu réitération de ce qui est dommageable, il faut que l'autre ait confiance en notre parole. Il faut qu'il y ait une parole vraie, pas seulement une droite intention, mais une attitude à concrétiser dans les faits, et cela se fait par au moins deux chemins : celui de la pénitence, c'est-à-dire par le fait de se fortifier là où l'on était faible ; et par des mesures pédagogiques, en l'occurrence corriger et réparer ce qui ne va pas. Évidemment, c'est très différent selon les cas.

La dimension pénitentielle est un chemin pour se fortifier, souvent avec l'aide de l'autre, parce que l'on est un peu démuni tout seul, pour être fort là où l'on était fragile, pour changer de chemin, redresser la barre. Si j'énerve l'autre parce que je rentre de plus en plus tard le soir, sans qu'il y ait dans ma vie d'élément nouveau qui le justifie, il faut prendre les moyens, acheter un gros réveil, demander à l'autre de vous appeler au téléphone pour que toutes affaires cessantes vous partiez : il va falloir peut-être installer une ligne supplémentaire ! On pourrait mettre aussi en place un service sur Internet : « Internet service couples, retour assuré du conjoint dans la demi-heure. » En effet, s'il n'y a pas une action concrète, comment voulez-vous que les choses ne se réitèrent pas de la même façon ?

Remarquez aussi que dans tout aveu, y compris sacramentel, il y a deux chemins au moins dans lesquels cet aveu peut devenir tordu, c'est-à-dire être contre-performant, au lieu d'aboutir à une vérité qui va permettre la reprise d'alliance et l'accompagnement de celui qui retrouve sa force, sa vertu.

D'abord, il y a le travers d'un aveu orgueilleux, bavard : vous vous justifiez, vous prouvez que vous ne pouvez pas faire autrement. « Je suis arrivé à 22 heures au lieu de 19 h 30, mais il y a eu des embouteillages, les gens conduisent mal, on n'avance plus, les flics font n'importe quoi, les chauffeurs sont des chauffards, le patron m'a demandé un truc *in extremis*, l'ascenseur est lent, la voiture ne démarrait pas. Rien que de penser aux récriminations qui m'attendaient à l'arrivée, ça m'a fait trembler, et j'ai été encore plus lent. En fait, j'ai fait mon maximum, et si tu avais été à ma place, tu aurais fait pire ! »

Dans le sacrement de réconciliation, on retrouve la même chose. Lisez *Crimes et châtiments* [1] de Dostoïevski, c'est un sommet du genre. Quand Raskolnikov raconte son crime, il fait un aveu bavard ; il y a une sorte de joie morbide dans l'aveu de sa faute. C'est là un aveu tout à fait destructeur.

Il est un autre aveu, peut-être moins fréquent aujourd'hui, mais qui est tout aussi destructeur, c'est l'aveu du scrupuleux, c'est-à-dire des gens qui sont dans le système de la punition. « J'ai fait du mal, j'ai été injuste, et pour rétablir la justice, il faut que je paye, il faut une punition proportionnée. Sur le plan moral, c'est moi-même qui dois m'infliger cette punition, sinon Dieu risque de me punir pour finir, et ce sera plus catastrophique encore. » Comment se punir ? Par exemple en ne communiant pas lorsque l'on est en retard à la messe, ou bien en pensant du mal de soi-même : « Je suis horrible… » Raskolnikov dit aussi du mal de lui : « Je l'ai fait exprès… » On invente presque les circonstances aggravantes, et puis on fait des déclarations solennelles pour dire que l'on est très méchant. Sur le moment, cela nous soulage : on a l'impression

1. Dans *Crimes et châtiments*, le romancier russe F.M. Dostoïevski (1821-1881) met en scène Raskolnikov qui, pour prouver son indépendance et son droit à disposer de lui-même, tue. Puis, afin de faire l'objet d'un châtiment librement consenti, il se dénonce. C'est finalement son amour pour Sonia qui lui fera découvrir une vie plus proche de l'enseignement évangélique.

que l'on a payé en disant cela, et ça va mieux après. Mais généralement, dès que l'on arrête de se flageller moralement, on retombe dans la culpabilité, et au lieu de pouvoir avancer, on s'enfonce. Donc, on a envie de recommencer, et on retourne voir le pauvre conjoint : « Je ne t'ai pas tout dit, vraiment, je suis une horreur. Je t'ai dit qu'avec ma secrétaire, je n'étais pas net. Eh bien, j'y pense encore maintenant. » Et le lendemain, ça recommence !

Tout cela est connu depuis longtemps. Si le scrupule ne caractérise pas beaucoup le premier millénaire, il y a eu une sorte de dégradation au deuxième millénaire, une plus grande culpabilité. Les punitions sont présentes jusqu'au cœur de la civilisation. Il semble que les gens aient été beaucoup marqués par cela. On est plutôt aujourd'hui dans un siècle laxiste, mais le laxisme répond à une culpabilisation maximale. Ce n'est plus supportable, donc je renonce à tous mes repères, comme ça je n'aurai plus à me culpabiliser : tout est bien, rien n'est mal, c'est beaucoup mieux.

L'aveu n'est pas quelque chose d'automatique : c'est une dénonciation précise du mal, parce que l'on a fait un discernement en vue de pouvoir confesser son amour et dans le but de reconstruire avec un schéma concret cette perspective de vie commune, d'alliance. Il ne faut pas jouer à Dostoïevski – l'aveu de Raskolnikov fait au moins quarante pages – mais il faut faire les choses simplement.

Nous ne sommes pas indemnes *a priori* de la possibilité de déchoir par rapport à l'excellence que l'on a souhaité vivre. S'il n'y a pas de purification, de chemin pour se fortifier, de vigilance, on risque de se retrouver avec un tas de cendres devant sa porte, et pas mal de difficultés pour en sortir. Le mariage, qui nous fait vivre et qui nous appelle à témoigner de la richesse de l'amour du Christ pour son Église, implique que l'on intègre une qualité de l'amour de Dieu à notre égard et que l'on se construise par rapport aux tentations, aux dérapages possibles, liés à notre condition pécheresse. Nous sommes dans une situation où nous sommes marqués par les conséquences du péché : il y a bien des possibilités de glisser, bien des risques. Il faut se fortifier !

DEUXIÈME PARTIE

JE ME DONNE…

CHAPITRE 1

ENGAGEMENT ET LIBERTÉ FONT-ILS BON MÉNAGE ?

Après un premier regard sur le sens du sacrement et ses conséquences, les qualités de l'amour, les dérapages possibles et la manière de les traiter par avance, ce deuxième regard porte sur la question de l'engagement. C'est une autre question. Elle se situe au moins autant au niveau d'une anthropologie, d'une philosophie de l'homme, qu'au niveau de la théologie. Cela ne peut parler finalement qu'à des chrétiens parce que, sinon, comprendre l'amour du Christ pour son Église sans le cadre de la foi est un peu artificiel. Ce qui va être dit de l'engagement de notre liberté présente l'avantage d'un niveau philosophique, même si cela implique un regard explicitement chrétien à travers une anthropologie biblique.

Un engagement à construire

Le mariage comme réalité humaine, chrétienne et sacramentelle implique un engagement extrême de notre liberté. C'est même l'engagement le plus fort de la liberté humaine. Il y en a d'autres bien sûr, et dans une certaine mesure, ils y préparent. Par exemple, la vie professionnelle exige un investissement humain énorme, des études, etc. C'est important, lourd, mais quand même limité, ça ne prend pas toute ma vie et cela donne rarement un sens à toute ma vie. Il y a des enjeux beaucoup plus grands.

Entrer dans le mariage va donner un sens à l'ensemble de ma vie, à tous ses aspects : je m'y donne en effet corps et âme le plus totalement que l'on puisse imaginer. C'est l'engagement le plus puissant que l'on puisse vivre. Si vous entrez au Carmel, dans une vie contemplative, monastique, vous y entrez pour toute la vie, et cela donne du sens positivement à toute votre vie, mais cela implique aussi un certain nombre de renoncements, ce qui fait que certains aspects ne sont pas développés. Vous y renoncez pour un aspect spécifique. Vous renoncez notamment à la dimension de la manifestation de l'amour à travers le lien du corps. Les moines ne vivent pas les grâces de l'amour conjugal. Ce n'est pas pour autant une frustration ! L'engagement conjugal, lui, est très englobant, il mérite une préparation. Pour être carmélite, il y a une période de postulat, puis de noviciat, puis des vœux temporaires. C'est la maîtresse des novices qui vous suit de très, très près, qui vérifie que vos cheveux ne blanchissent pas trop vite, etc. Dans le mariage, on vous laisse presque seul. C'est un engagement capital auquel on est très peu préparé. Il est fort, rapide, il y a de la casse ! Et puis, on vous donne une prime à l'abattage. Il y a là quelque chose de paradoxal parce que, étrangement, nous vivons dans un monde très construit.

À défaut d'une longue préparation, il y avait jadis toutes sortes d'engagements sociaux qui faisaient que, *a priori*, telle personne savait qu'elle devait se préparer au mariage. Une bonne part de cet aspect d'engagement à la liberté était gérée autrement. Aujourd'hui, cela a presque entièrement disparu. On n'est préparé à rien du tout ! Il y a ce constat de casse, fréquent mais pas général. J'ai par exemple des amis d'études mariés depuis plus de vingt ans parmi lesquels il n'y a pas de casse. Il y a en réalité tout un entourage qui fait que leur engagement s'est construit, et un mode d'accompagnement a facilité les choses. Les statistiques qui recensent les mariages et les divorces ne veulent rien dire et laissent entière notre liberté. Elles indiquent surtout que beaucoup se cassent la figure parce qu'ils n'ont pas été préparés. Cela déstructure complètement la vie sociale. Il n'est que de regarder ce que proposent les législateurs au bout de vingt ans de ce régime !

Il ne faut pas s'affoler devant les chiffres, mais vérifier que l'on a les possibilités, et les mettre en œuvre pour construire son engagement. Il faut si c'est nécessaire reconnaître que sur un certain nombre de points, nous sommes fragiles, faibles, car peu outillés, et en tenir compte pour acquérir les moyens complémentaires que l'on n'a pas forcément. Il y a ainsi des couples qui sont très fragiles et qui marchent très bien parce que humainement, ils se sont reconstruits et ont acquis la maturité qu'ils n'avaient pas au moment de leur mariage. Il faut être prêt ! Beaucoup de gens échouent parce qu'ils ne peuvent concilier des fiançailles sérieuses et des débuts dans le monde du travail très exigeants. On s'engage à fond dans l'univers professionnel au détriment du couple qui se forme. C'est révélateur ! Si on met plus d'énergie à préparer son boulot qu'à préparer son mariage, il y a quelque chose qui ne va pas, car le mariage, c'est bien plus important. En général, tout bascule, et c'est le mariage qui explose en plein vol. Que faire ? Il faut d'abord simplement admettre que l'on ne peut tout faire à la fois. Aujourd'hui, on est pressé, tout va vite, trop vite, alors qu'une préparation au mariage demande beaucoup de temps et d'attention. S'en dispenser relève d'une complète inconscience, sinon d'une grande immaturité.

Une juste vision de la liberté

Je voudrais maintenant faire trois remarques sur la liberté que Dieu nous communique. L'anthropologie biblique nous donne en effet des repères sur le fonctionnement de notre liberté. Une première remarque, fondamentale, s'impose : être libre ne signifie pas faire ce que l'on veut, mais suppose en réalité une aptitude à agir en perfection qui découle d'une participation à la qualité de la vie de Dieu. Car Dieu est qualité de vie, vie dont il nous fait profiter, si on veut bien simplement la recevoir. Ainsi, notre liberté est participation à la liberté de Dieu et non pas affirmation de nous-mêmes, et non pas prise d'autonomie face à Dieu ou face aux hommes.

En fait, il y a deux grands modes de compréhension de cette liberté : tout d'abord, bien des gens l'identifient à l'autonomie, l'affirmation de soi. Mais nous, nous affirmons que ce n'est pas du tout de cet ordre-là. C'est Dieu qui est libre et qui, en nous créant libres, nous donne part à sa vie. Tant que nous restons branchés sur lui, nous pouvons avoir part à sa vie libre. Si nous revendiquons au contraire notre autonomie, nous nous affirmons nous-mêmes, nous nous coupons de Dieu corrélativement, et nous perdons cette liberté. Être libre au sens de la grande vision de la personne humaine créée par Dieu dans la Bible, ce n'est pas être autonome, s'affirmer soi-même de son côté, c'est se construire en s'appuyant sur le don de Dieu, en lien avec lui. C'est accepter de tirer parti de cette dépendance radicale dans l'être que nous vivons par rapport à lui, et non pas s'affirmer loin, contre ou à côté de Dieu en disant que plus je suis dépendant, moins je suis libre. C'est tout à fait un autre mouvement.

Si vous pensez que la liberté implique l'autonomie, au niveau du mariage, cela va poser quelques problèmes. À partir du moment où vous voulez créer un lien avec votre futur conjoint, cela veut dire que vous risquez d'être moins libre, donc moins heureux, et, forcément, c'est moins drôle ! Cette logique n'aboutit pas au mariage. C'est pour cela d'ailleurs que l'on a inventé l'union libre. Et nous chrétiens, nous pensons justement qu'il s'agit en fait de l'union la moins libre qui soit. C'est vrai qu'il y a un certain type d'engagement dans l'union libre : regardez Sartre et Beauvoir. D'une certaine manière, ils ont été stables dans l'union, la durée, mais ce qu'ils n'ont pas, c'est le modèle du mariage, Beauvoir et l'autre, pas beau à voir ! Si je m'affirme comme un centre de décision, j'ai du mal à entrer dans le projet d'un engagement conjugal, parmi d'autres engagements, car ma liberté va être infléchie dans son cours par cet engagement capital. Le mariage est alors synonyme de liens, de chaînes, d'esclavage. Nous, nous croyons que faire ce que l'on veut, c'est un désordre qui conduit au malheur. Dans la vision chrétienne, plus je vais être associé à Dieu, plus je vais être libre, plus je vais partager sa vie, plus je vais m'engager, m'appuyer sur l'autre dans le mariage, plus je vais être libre dans ce lien.

Ces deux visions sont très fortes et incompatibles. Il y a aujourd'hui une tension entre le désir et la crainte de prendre cet engagement. La vision chrétienne appelle à un engagement, et cette soif ne peut se déployer que dans le cadre d'une compréhension de notre liberté qui est partage de la richesse de la vie de Dieu. **La liberté, c'est la dépendance dans l'amour**. Je dépends de Dieu de qui tout procède et de qui je reçois la vie, et notamment cette dimension, cette qualité de vie, cette aptitude à m'engager en connaissance de cause et par amour dans telle ou telle direction en fonction de cette richesse, ce que n'a pas l'animal, pris par son instinct. Cette dépendance m'ouvre, m'enrichit, car ce n'est pas une contrainte, mais c'est une dépendance qui s'inscrit dans le cadre de l'amour de Dieu pour moi et, en retour, de l'amour que j'ai pour Dieu.

Si vous avez de Dieu une image catastrophique, celle par exemple d'un tyran lointain qui sort des oukases qui font trembler, il est bien évident que vous aurez du mal à vivre ce schéma de liberté. Toute la pensée de l'Occident chrétien depuis le XVe siècle a subi une déformation de l'image de Dieu à travers une théologie elle-même déformée sur le plan dogmatique. Cela aboutit à une morale déformée, d'où surgit une vision déformée de notre liberté. Quand je dis : « Je crois en Dieu le Père tout puissant », et que j'ai analysé « tout puissant » comme désignant celui qui peut faire tout et le contraire de tout, qui peut tout me commander, aimer ou haïr, je vais commencer à me méfier de Dieu. Je vais le caricaturer et je vais rester dans mon coin. Il faudra mettre sur ma porte la même pancarte que l'on met à l'entrée de certaines maisons : « Chien très méchant ». Si c'est cela l'image que vous avez de Dieu, c'est terrible ! Je pense aussi à un type très malade qui disait : « Dieu me punit ! » Quelle image de Dieu ! Les gens ont souvent peur de Dieu, et c'est vraiment catastrophique.

Sartre développe une autre idée de la liberté : pour lui, Dieu est définitivement un tyran, et il faut sauver les meubles, se reconstruire une vie où Dieu n'a pas sa place. Il vaut mieux pour lui vivre malheureux sûrement que de vivre à la merci de ce Dieu de terreur. Regardons la célèbre pièce de Sartre intitulée *Les Mouches*, acte 3, scène 2. Jupiter, qui représente en fait Dieu, est un véritable potentat qui fait frémir de terreur par le tonnerre. Jupiter dialogue avec Oreste, qui représente l'homme libéré qui a voulu garder sa liberté en échappant à la tyrannie des dieux dans la mythologie. Et Jupiter lui dit : « Ne suis-je pas ton roi ? Larve impudente, qui donc t'a créé ? »

Oreste répond : « C'est toi qui m'as créé, mais il ne fallait pas me créer libre. » Et Jupiter réplique : « Je t'ai donné ta liberté pour me servir » [cela est vrai, mais pas au sens d'une servitude aliénante]. Oreste : « Cela se peut mais cela a été retourné contre toi, cette liberté, et nous n'y pouvons rien, ni l'un, ni l'autre. » Jupiter conclut à la fin de la scène : « Ta liberté n'est qu'une gale qui te démange, elle n'est qu'un exil. »

Si l'on suit Sartre, l'idée même de liberté n'a de dynamique que pour s'éloigner de celui qui vous la donnerait. C'est bien Dieu qui est à l'origine de ma liberté, mais le fait qu'il me donne cette liberté me donne des ailes pour m'enfuir loin de lui. C'est comme l'enfant prodigue qui prend conscience de sa liberté et qui dit à son père de lui donner la part qui lui revient. *« Et il partit pour un pays lointain »* dit l'Évangile[1]. Voilà, la liberté ne me donne qu'un pouvoir par rapport à celui qui me la donne, celui de la fuite, pour jouir tout seul des morceaux qui subsistent de cette liberté. Oreste dit alors : « Tu dis vrai, c'est un exil. » C'est là la pensée profonde de Sartre. Jupiter répond : « Le mal n'est pas supportable, reviens parmi nous, vois comme tu es seul. » Dans l'univers sartrien, puisque la liberté est un pouvoir d'affirmation, il faut s'affirmer et défendre ses frontières. « C'est ma table ! » entend-t-on parfois lors de conflits dans des bureaux ou dans une administration. Il faut défendre son pré carré tout le temps. Ce n'est pas drôle, cette liberté !

Oreste réplique par une libre affirmation de soi. Chacun doit inventer son chemin. Par exemple, si dans le métro, aux heures de pointe, on est compressé, il y a un gros qui vous écrase impitoyablement, c'est terrible, désespérant ! Le seul élément positif, c'est la conviction amère d'avoir gardé sa dignité en ayant pris ses distances par rapport au tyran. Dieu

1. Lc 15, 13.

est un tyran, et toute autorité est tyrannique. J'imagine un dialogue entre Simone et Jean-Paul : ça ne devait pas être drôle tous les jours !

L'autre Jean-Paul – il y en a de plus gais, heureusement ! – a quant à lui demandé en 1986 à son ami Joseph [Ratzinger], alors Préfet de la Congrégation pour la doctrine de la foi, d'écrire un petit texte sur la liberté[1]. Dans ce texte, on peut lire dans le premier paragraphe : « L'homme n'a pas son origine dans sa propre action individuelle ou collective mais dans le don de Dieu qui l'a créé. C'est la première confession de notre foi qui vient confirmer les plus hautes intuitions de la pensée humaine. La liberté de l'homme est une liberté participée. Sa capacité de se réaliser n'est nullement supprimée par sa dépendance à l'égard de Dieu. » Comme une rivière pour exister dépend de sa source, plus je dépends de Dieu dans l'amour, plus je suis libre. Il y a un tressaillement spécifique de la vie de Dieu que l'on appelle liberté et qu'il veut nous communiquer : il ne le peut que si je suis en lien étroit avec lui, et consciemment.

C'est justement le propre de l'athéisme contemporain que de croire à une opposition irréductible entre la liberté divine et la liberté de l'homme. Plus Dieu est libre, moins je le suis. La liberté est un champ partagé, telle est la vision de Sartre. Pour nous, plus Dieu est libre, plus je le suis. Ça ne s'oppose pas, ça s'emboîte !

Si je m'engage dans le mariage, enfin, je vais être libre. Il y a une qualité de vie nouvelle qui est rendue possible. Ma vie prend un sens corrélativement au sens que Dieu se propose de lui donner. Il y a ainsi un état de vie digne de Dieu. Je pense

---

1. *Instruction sur la liberté et la libération chrétienne*, Congrégation pour la doctrine de la foi, 1986.

que c'est celui qui ne s'est pas engagé de manière forte selon le projet de Dieu sur lui qui est moins libre et donc moins heureux. En réalité, c'est de Dieu et par rapport à lui que la liberté humaine prend sens et consistance.

Participation à la vie de Dieu

La liberté de Sartre n'a ni sens, ni consistance, car le bonheur concret, ce n'est pas la possibilité de poser un acte libre : il réside dans l'acte libre posé.

Il s'agit d'une liberté participée à celle de Dieu, et qui va corrélativement être participée avec bien d'autres avec lesquels nous allons nous lier. Cela ne veut pas dire qu'elle soit moindre. Au contraire, elle prend sens et consistance. Dans l'union libre, ces derniers sont très faibles. Anne Philipe, la femme de Gérard Philipe, qui n'était pas spécialement un Père de l'Église et qui vivait dans un monde où l'on pratiquait l'union libre, a laissé un beau témoignage. Exceptionnellement, ils se sont mariés civilement, parce qu'ils pensaient que l'union libre n'était pas adaptée à ce qu'ils voulaient vivre. Et quand Gérard Philipe est mort, rapidement, d'un cancer, sa femme a écrit un livre[1] qui est un témoignage sur son milieu. Elle y écrit : « Rien n'est moins aventureux que ces aventures. On n'y donne rien d'essentiel, grâce à quoi on pense se garder. » On pense rester libre en ne prenant pas d'engagement : c'est une problématique qui remonte aux années cinquante.

Cela me fait penser à une vieille nappe de ma grand-mère. La maison familiale se trouvait dans la zone du front en 1914, et il a fallu rapidement décamper. On a creusé une fosse pour y enterrer ce que l'on voulait sauver. La maison a été effectivement rasée et, au retour, on s'est rendu compte qu'un obus

1. Anne Philipe, *Le temps d'un soupir*, 1964.

était tombé en plein sur la fosse et avait tout brûlé ! On n'a pu récupérer qu'une nappe. Cette nappe, ma grand-mère la conservait précieusement dans une armoire, emballée dans du papier de soie. Elle ne servait jamais, on la gardait pour de grandes occasions c'est-à-dire jamais ou presque. Un jour, j'ai voulu voir la nappe. Quand on l'a sortie et dépliée, elle était toute abîmée. Elle partait en morceaux faits par les plis. Elle ne ressemblait plus qu'à de petits mouchoirs. On ne l'avait pas dépliée depuis si longtemps ! Comme l'écrit Anne Philipe : « On se perd comme un tissu mangé par le temps avant d'avoir servi. »

Quand on regarde sa vie à la lumière de Dieu, il en reste des mouchoirs. On se dit : « Je n'ai rien fait de ma liberté. Je comprends bien que ma vie a du poids à s'engager, mais je ne peux pas m'engager à la légère. Et si je m'engage, il y a des conséquences que je mesure mal. Donc, je ne vais pas m'engager, je vais faire comme si, et puis on verra. Et si ça se passe bien, je m'engagerai. » Et tout est perdu. Il y a donc une grande force dans le témoignage d'Anne Philipe.

La liberté est participation à la vie de Dieu. Elle doit être ouverte à un Dieu qui lui donne un sens et nous fait découvrir que, dans cette dépendance dans l'amour, il n'y a pas de diminution de la richesse de ma liberté et de ma vie, mais occasion de prendre sens et conséquence.

Un choix qualitatif

Certaines personnes, s'appuyant sur des réflexions un peu complexes, parfois mal digérées, de la théologie catholique des siècles précédents, se disent : « Oui, je suis chrétien, très bien, mais est-ce que finalement je ne suis pas le jouet de Dieu ? » On dépend de Dieu et c'est très bien, et on le dit : « Que ta volonté soit faite, pas la mienne. » Mais à force de dire que c'est une dépendance dans l'amour, Dieu va faire avec nous des choses extraordinaires et, à la limite, ce n'est plus nous qui les faisons. Tout au plus, il faut connaître ce que veut Dieu et mettre ses pas dans les pas de Dieu. « Je dois faire la volonté de Dieu, mais voilà, je veux me marier avec Suzy. Est-ce vraiment ce que Dieu veut ? » On cherche des signes ou je ne sais quoi pour se conforter. On pense par exemple à la prédestination, selon le mot de saint Paul. Dès le début, Dieu aurait fixé les choses et on se dit : « Dieu me donne part à sa vie, mais finalement, je n'ai à faire que ce qui a été décidé. Ce n'est pas très facile, parce qu'il faut que je sache ce que Dieu veut. À 15 ans, je pensais que Dieu voulait que je sois jésuite, à 17 que je me marie, vers 20 ans, je ne savais plus, à 25 ans j'ai rencontré Julie. Est-ce la bonne ? » Ils se sont rencontrés au JMJ : c'est le signe que Dieu le veut ! Tout est programmé !

Mais Dieu n'a rien programmé. Dans la prédestination, il n'y a pas de programmation. « Pré » n'a pas ici de sens d'antériorité chronologique mais de qualité. C'est un choix qualitatif. Préférer les fraises ne veut pas dire que j'ai connu les fraises avant les autres fruits ! « Dieu nous a choisi dès avant la création du monde pour que nous soyons saints et irréprochables » dit l'Épître aux Éphésiens[1]. Il a fait un choix de grande qualité pour nous. Après, il faut voir le détail des opérations, détail qu'il nous donne les moyens de reconnaître. Il suffit de savoir que tous les chemins mènent à Rome. Dieu dit : « Va à Rome ! » Comment ? À vous de voir ! Aussi, pas de : « Il sera bénédictin, elle, capucine, eux se marieront. » Ce n'est pas comme cela que les choses se passent !

Quand des gens viennent me voir, je prends un air sérieux, et ils sont inquiets. Certains tremblent en disant : « À 15 ans, j'ai pensé être bénédictin. » Si vous aviez la possibilité de voir

1. Eph 1, 4.

ce qui est inscrit sur vous dans le Livre de Vie, imaginez la scène ! Vous vous présentez au bureau où l'on vous dit : « Vous vous appelez Jules, Charles, Henri Dupont. » Il y a votre date de naissance. Vous demandez ce qui est écrit à propos de votre mariage, ce à quoi on vous répond : « Il n'y a rien de marqué dans la colonne mariage ! » Dieu dit : « Tiens, Jules Dupont se marie avec Julie Dubois. » Et un ange inscrit le mariage sur le registre. Voilà !

Dieu veut un choix fondamental, saint et irréprochable dans l'amour. Vous avez reçu les moyens de reconnaître un chemin. Si vous vous trompez, prenez-vous-en à vous, pas à Dieu. La prédestination ne nuit pas à ma liberté mais donne la couleur fondamentale de la toile de fond que Dieu tisse pour elle. Pour le reste, les pinceaux sont dans nos mains !

Nous sommes tous prédestinés dans l'amour en Jésus-Christ. Nous avons tous vocation à être saints et irréprochables dans l'amour. Pour le chemin, c'est à vous de voir, c'est votre responsabilité. Cela ne veut pas dire que vous n'auriez pas pu vous marier avec quelqu'un d'autre ou faire autre chose que vous marier. Vous faites un choix, vous vous engagez, vous construisez, vous faites quelque chose d'unique. Il faut en choisir un ou une. Idem pour le couvent : vous n'allez pas en faire 1253 ! Il faut se décider !

Être libre, ça s'apprend !

La liberté dans l'engagement conjugal se construit sur la mise en œuvre conjointe de nos facultés spirituelles, par lesquelles nous sommes à l'image et à la ressemblance de Dieu, la mise en œuvre de nos facultés de connaître et d'aimer. Les philosophes parlent d'intelligence et de volonté.

L'homme est doué d'intelligence et de volonté, et il participe à cette aptitude de Dieu d'être lumière et amour, connaissance de la vérité et amour du bien. Ayant ces deux facultés, il va pouvoir mettre en œuvre concrètement cette qualité de vie qui se nomme la liberté. Ma liberté découle de la découverte de la vérité, et de l'amour de la vérité découverte comme un bien. Je vois un paysage. J'aime ce que je vois, je vais me mouvoir en direction de cette vérité comme bien. S'il n'y a pas intelligence, volonté, connaissance et amour, il n'y a pas d'exercice concret de la liberté. La liberté découle des deux.

Rousseau pense que la liberté est une donnée fondamentale de la personne humaine : on naît libre, et toute formation ou influence culturelle risquent d'abîmer cette liberté. C'est ce qui fonde dans sa pensée le mythe du bon sauvage : « Il ne faut pas y toucher, sinon il va devenir méchant ! » Les conséquences éducatives de telles conceptions sont considérables : « Ne touche pas à mon enfant, sinon tu vas le déformer ! »

Au contraire, je dis que si on n'aide pas un enfant à grandir dans la mise en œuvre de ses facultés de connaissance et d'amour, il ne sera jamais libre, il ne sera jamais capable d'exercer sa liberté. Il y a en outre des plus et des moins dans l'exercice de sa liberté, il y a bien des nuances. Nous sommes tous libres, parce que Dieu nous offre à tous cette possibilité, mais on la met ou on ne la met pas en œuvre. Parce qu'il y a des gens qui n'ont pas développé leur intelligence, ils ne sont pas attirés vers le bien. D'autres ont un désir très fort, mais ils n'ont pas appris à connaître : cela peut donner des fanatiques.

Nous pensons, à la différence des philosophes des Lumières, que l'exercice concret de la liberté, et donc la mise en œuvre valeureuse des engagements, implique toute une éducation préalable. Il faut prendre et pouvoir tenir son engagement. On peut grandir encore dans l'amour, c'est-à-dire grandir dans ses facultés de connaître pour pouvoir mieux aimer ce que l'on connaît mieux. On voit bien que la préparation au mariage correspond à une aptitude à s'engager, à une éducation à la liberté : ça commence donc bien avant.

Il faut apprendre à la fois à s'engager et à intégrer une sagesse de vie qui nous enracine dans nos engagements. Il ne faut pas en rester à un niveau sensible : quand on passe cinq heures devant Mona Lisa, on finit par en avoir marre ! Si j'en arrive, au-delà d'une connaissance sensible, à une connaissance spirituelle, intérieure, il y a un enrichissement de cette connaissance qui est infini. En cela, l'homme n'est pas un animal.

Quand je me marie, ce moment n'est pas le sommet de la connaissance. C'est un début et, la grâce aidant, il va y avoir un déploiement étonnant. Mais cela veut aussi dire, et c'est un avertissement, qu'on peut ne plus faire d'efforts pour connaître. On n'y croit plus. Il faut s'investir dans la connaissance amoureuse de l'autre, sinon il y a un appauvrissement, et alors parfois, on construit ce type de relation avec d'autres que son conjoint. Par exemple, il y a les fiancés BCBG qui se sont détachés et rapprochés d'un ou d'une collègue. Chacun des fiancés construit de son côté et, finalement, ils font peu de choses ensemble. Ils viennent me voir pour avoir un tampon, c'est normal. Quand on s'investit à plein régime dans des relations de boulot, on se détache souvent de sa femme. Que faire ? Il faut parfois changer de boulot ! Si ce n'est pas possible, vous risquez de divorcer dans les trois mois.

Une liberté épanouie

Je voudrais à présent indiquer quelques grands axes de cette liberté que Dieu nous donne ou nous partage, puisqu'elle qualifie la richesse de sa vie. Cette liberté est de participer à celle de Dieu. C'est en acceptant d'être en lien avec Dieu lui-même que nous pouvons recevoir de cette source vive une richesse que nous aurons ensuite à mettre en œuvre de manière concrète. De là découle la notion d'obéissance : plus il y a d'obéissance, plus il y a de liberté, et vice versa. Car il s'agit justement de recevoir une richesse plus large que nous-mêmes, à travers toutes sortes de médiations, pour pouvoir mettre ma vie en œuvre d'une manière aussi riche que possible avec cette qualité reçue, orientée à travers l'obéissance.

Cette liberté découle de la mise en œuvre de nos facultés spirituelles, connaissance et amour, intelligence et volonté, qui ont à se déployer simultanément, ce qui implique la possibilité d'une croissance, voire d'un redémarrage, lorsque l'on s'est trompé.

Par ailleurs, il ne faut pas oublier que notre liberté est conditionnée, et qu'il y a des poids qui nous entraînent depuis le péché originel, la chute. Cela ne veut pas dire qu'il n'y a plus de liberté, mais seulement qu'elle est blessée, alourdie. Il faut donc en quelque sorte se déconditionner pour pouvoir être libre. Dans ce contexte, l'éducation est bonne, non pas par conditionnement, mais par déconditionnement. Il nous faut sortir du conditionnement lié aux conséquences du péché en nous et dans ce monde, lié à toutes sortes de conséquences extérieures, sociales, économiques, etc. Le saint est complètement libre parce qu'il est complètement déconditionné, il est totalement ouvert à l'accueil de cette source divine. C'est pour cela que je vous conseille de lire la vie des saints, en particulier leurs dernières années, car alors ils sont vraiment saints. Moi, je me souviens des gens libres et pas des gens conditionnés !

À propos du conditionnement, Freud a montré qu'il est lié à des implications, des incrustations dans un milieu donné, social, culturel ou religieux, et c'est vrai. En effet, vous ne vous comportez pas de la même façon en fonction du milieu social auquel vous appartenez, du pays où vous vous trouvez, ou encore du contexte religieux ambiant. Ce n'est pas absolu, mais c'est quand même très fréquent. Pensez simplement à l'habillement. Il y a là un conditionnement. Certaines écoles de psychanalyse ont montré le poids de ce conditionnement. Mais il a aussi ses limites.

Je pense par exemple à ce Roumain venu en Occident il y a quelques décennies. Il avait alors une trentaine d'années. Il vivait la foi en famille, discrètement. Il était dans la distance et la révolte par rapport au régime de Ceaucescu. Mais dans ses intentions de prière, en raison de la propagande du régime et de la diffusion de photos de quartiers misérables, il priait pour les pauvres enfants d'Amérique du Nord qui mouraient de faim à côté d'une petite minorité de privilégiés. Il était pris par la propagande d'un régime à l'idéologie duquel il était pourtant farouchement opposé. D'une certaine façon, il était donc encore plus ou moins conditionné.

Il y a aussi un conditionnement plus subtil que les chrétiens reconnaissent par un discernement dans la foi, lié au péché originel et à ses conséquences. Saint Paul dit dans le chapitre 7 de l'Épître aux Romains qu'il ne fait pas le bien qu'il voudrait faire et qu'il fait le mal qu'il ne voudrait pas faire. Beaucoup font cette expérience. Par exemple, quand je suis odieux avec ma fiancée. Ou bien quand j'ai parlé contre Belle-maman malgré toutes mes résolutions, j'ai ainsi commis le mal que je ne voulais pas faire. C'est bête et courant. « Qui me délivrera de ce corps de mort ? », dit encore saint Paul.

À certaines époques de son histoire, l'Église a été très sensible à cela. Par exemple, au Ve siècle, saint Augustin a beaucoup réfléchi au péché originel. Plus tard, au XVIe siècle, on regarde la personne humaine dans toute sa richesse, et on est d'autant plus agacé de voir que ça ne marche pas bien. Luther va jusqu'à dire que la nature humaine a été totalement détruite par le péché originel, et qu'il n'y a plus aucun espoir de liberté pour la personne humaine. La liberté est morte. C'est une vision rude et tragique. Dans son *De servo arbitro*, réponse au *De libero arbitro* d'Érasme, il montre que notre libre arbitre est mort. Mot à mot, les termes employés par Luther et Érasme sont « le bouclier » et « l'anti-bouclier », ce qui exprime assez bien l'opposition frontale de leurs conceptions respectives. Pour Érasme, la liberté est abîmée, appauvrie, mais demeure en partie. Car si ma liberté est pourrie, je suis damné, sauf si par miséricorde Dieu me tire de là. Calvin, quant à lui, développe la théorie de la double prédestination, tandis que Luther, lui, développe la justification *forensique*, c'est-à-dire que Dieu en sauve quelques-uns par pure bonté. Nous, catholiques, pensons qu'il faut magnifier l'élément de liberté qui est en nous pour retrouver une pleine liberté. Si nous sommes sauvés, c'est par le don de Dieu en nous. Il faut regarder les saints, et travailler !

La pensée de Luther sur le sujet a évolué. Chez Luther première manière, on lit qu'il ne faut pas que les pécheurs justifiés par Dieu fassent trop de bonnes œuvres, sinon ils pourraient croire que c'est par leurs bonnes œuvres qu'ils sont justifiés, sauvés. Il s'est rendu compte que, d'un point de vue pédagogique, cette précision était nécessaire. Luther a donc évolué et dit que les bonnes œuvres des justes magnifient le don gratuit de Dieu. Nous, nous croyons comme Érasme qu'avec la grâce liée à cette part de liberté qui demeure, nous pouvons gagner de la marge de manœuvre par tout un travail.

Le beau cadeau de mariage, c'est d'arriver avec une liberté bien épanouie, parce que vous pouvez être très gentil et avoir malgré cela une liberté très abîmée : « Je veux être fidèle, mais je ne suis pas sûr de tenir deux heures ! » Il faut une préparation très en amont par un effort de vérité dans l'éducation des enfants. L'héritage de notre liberté est ensuite enrichi par une aptitude à avancer dans l'ordre du bien.

Il est un point sur lequel notre conditionnement est absolu, c'est la limite de notre vie sur terre, c'est la mort. Saint Paul l'appelle « le salaire du péché », c'est-à-dire la rupture de cette paix que Dieu avait voulue entre lui et nous. Est-ce à dire que tout aura été vain et inutile ? Non ! Au ciel, nous serons capables d'aimer bien plus que vous n'aimez votre conjoint et tout le monde : il y a une extension et une intensité inimaginables. Vous préparez quelque chose de la vie du ciel en vous mariant. La mort, nous savons que nous la dépassons par la Résurrection, ce qui donne à notre vie un sens beaucoup plus fort. Pour beaucoup de gens, la mort est impensable, et il est impossible d'en parler. Nous, nous pensons qu'il y a un rejaillissement inouï dans la vie éternelle. Oui, l'amour est plus fort que la mort !

CHAPITRE 2

QUELQUES REPÈRES POUR CONSTRUIRE SUR DES BASES SOLIDES

Dieu, voyant notre situation, nous aide autant qu'il est possible. Il faut connaître ces aides qu'il nous propose et les mettre en place. L'un des buts de la théologie morale, de la réflexion sur l'agir, est d'élucider les conditions d'exercice de la liberté humaine et de mettre en lumière les aides que Dieu nous apporte pour nous guider. La morale a été dévalorisée, mais elle est aujourd'hui en renouveau car nous avons besoin de repères, c'est urgent ! En plus, nous avons perdu les outils, nous ne savons plus nous en servir, c'est comme si l'on prenait un marteau par le mauvais bout : on risque de se le prendre sur la tête !

Quelles sont ces aides ? Jadis, les théologiens moralistes distinguaient les aides extérieures et intérieures. Par exemple, les anges gardiens constituent un cas d'aide extérieure. Ils sont « envoyés » pour des missions, pour nous aider. Les deux principales aides extérieures que Dieu nous offre sont la loi divine et la loi de l'Église.

La loi de Dieu...

La loi divine est prolongée par la loi de l'Église et est au service de la liberté : cela ne paraît pas toujours de manière évidente ! Il faut, pour le comprendre, se plonger d'abord dans le Psaume 118-119 qui constitue une immense louange de la loi divine : « *Je la redis !* » s'exclame le Psalmiste, pour qui cette loi est miel et sucre, douceur, joie et bonté. Dans l'encyclique de Jean-Paul II, *Veritatis splendor,* il y a aussi toute une réflexion sur ce sujet : on vous montre un précepte de la loi, et vous tombez en extase ! Nous ne sommes pas habitués à cette perception positive et parfois jubilatoire de la loi divine.

Pourtant, la Bible en bien des passages fait du don de la loi par Dieu un des fondements de la grandeur et de la supériorité du peuple élu sur les autres peuples : « Quelle est la grande nation qui a un Dieu grand comme notre Dieu, et qui a des lois aussi sages que sont sages les lois de notre Dieu ? » Pour les Juifs pieux en effet, les autres dieux et leurs lois, ça ne vaut rien du tout ! Dieu est bon pour nous, il nous donne des indications pour nous aider : c'est par exemple le rôle du Décalogue dont je vous propose de commenter quelques commandements.

« Tu ne tueras pas » : il vaut mieux éviter les accidents ! Si vous tuez, vous êtes mal, alors faites attention !

« Tu ne voleras pas » : cela me fait penser à cette fiancée de 27-28 ans venue un jour me parler et qui m'a dit : « Quand j'avais 21 ans, en licence, j'ai triché. » Les statistiques disent que 60 % des étudiants sont sensés tricher. Si cela vous est arrivé, ne vous constituez pas prisonnier, ne prévenez pas le Procureur de la République, mais n'affichez pas vos diplômes sur la porte non plus ! Pour finir, j'ai dit à cette femme que c'était plus bête que méchant. Une autre histoire me revient à l'esprit : au cours d'une épreuve universitaire, j'ai oublié mon parapluie et je suis sorti quelques instants pour le récupérer : quand je suis revenu, mes brouillons avaient disparu ! Je plains le pauvre gars qui me les a pris, parce que tricher en théologie morale, ça se voit !

Autre commandement, « Honore ton père et ta mère » : voilà une parole positive ! Sur la photo de mariage, il y a parfois beaucoup de monde, et les parents ? Où sont-ils ? Ce n'est pas toujours évident à gérer. Il faut dans la mesure du possible les honorer, les mettre à l'honneur, c'est Dieu qui nous le commande.

… et de l'Église

Avec ça, Dieu a pensé que l'on s'en sortirait. De plus, de temps en temps, l'Esprit Saint souffle des idées au Pape : ce sont les lois de l'Église. La loi est au service de la liberté ; dans le Code de la route, tel panneau est disposé au bord de la route pour nous éviter de tomber dans un ravin, pour indiquer un virage dangereux : « Ralentissez ! » Parmi les autres panneaux, on trouve aussi le feu rouge, qui prévient d'un danger. On peut facilement transposer tout cela à ce que nous demande l'Église : les interdictions visent surtout à nous protéger d'un danger qui nous menace. À cet égard, il ne faut pas oublier qu'il est aussi des lois assimilables au feu vert : « Soyez parfaits… Pardonnez… aimez-vous… » La vie morale ne consiste pas à avoir peur – « Il ne faut pas que je… » – mais c'est un chemin de charité : « Aimez-vous les uns les autres. »

Sur le moment, certains préceptes sont agaçants. Je me souviens qu'un jour, devant prêcher dans le Pas-de-Calais, et étant pressé parce qu'en retard, je n'ai pas pris garde au voyant rouge qui s'est allumé sur le tableau de bord : « Arrêt immédiat. » J'ai continué quand même ! Au bout de cinquante kilomètres, j'ai décidé de m'arrêter sur un parking : je n'avais plus de freins ! J'ai traversé le parking ! Il faudrait dire au constructeur de changer ses voyants : il ne faut pas dire de s'arrêter quand on ne peut pas s'arrêter ! J'étais furieux, mais en même temps, il valait mieux que je sache que je n'avais plus de freins et que je roule avec prudence.

La loi : esclavage ou grâce ?

La loi est là, non pour limiter ma liberté, mais pour m'éduquer et pour dynamiser ma vie : « Je vous ai lavé les pieds, faites de même ![1] » nous dit Jésus. La loi est au service de la liberté. Pourquoi a-t-on perdu le sens de cette idée ? Parce qu'à partir du XIVe et du XVe siècles, nous sommes entrés dans une morale de l'obligation, dans une réflexion sur la morale où l'on a appauvri la réflexion morale évangélique en n'en faisant plus qu'un catalogue d'obligations. Aux XVIIe-XVIIIe siècles, nous avons perdu les catégories du bien et du mal, c'est-à-dire le discernement entre ce qui va me sauver et ce qui ne va pas me sauver. Aujourd'hui, bien des chrétiens pensent que le bien, c'est ce qui est permis, et que le mal, c'est le bien qui n'est pas permis. C'est l'herbe de l'autre côté des barbelés qui attire toujours les vaches !

Nous, nous croyons qu'il y a objectivement le bien, qui construit notre vie, et objectivement le mal, qui la détruit, et que Dieu, par sa loi, nous avertit pour nous éviter de tomber et nous permettre d'avancer sur le chemin du bien, du bonheur.

Aujourd'hui, le soupçon est énorme par rapport à Dieu, et il en est de même pour l'Église. On a en effet de Dieu une image très pauvre, aussi faut-il retrouver son vrai visage pour comprendre ce qu'il nous dit. En cultivant une piètre image de Dieu, d'une certaine façon, nous le tuons, car nous tuons. Plein de gens par exemple tuent en pensée : regardez un entretien d'embauche, ou même une religieuse un peu trop contente d'elle ! Il faut sortir de cette médiocrité et retrouver la vraie liberté des enfants de Dieu dont parle l'Écriture.

---

1. Cf. Jn 13, 14.

Pour exercer cette liberté, il fallait sortir d'une morale du minimum, de l'obligation, en conciliant l'intelligence et la loi, loi qui n'est pas donnée par Dieu pour quelques-uns, mais bien pour tous.

Quand le clignotant rouge se met à fonctionner, nous culpabilisons et nous jetons le clignotant : ce n'est pas la bonne manière de faire ! Il faut accepter de s'interroger sur le sens de cette loi, et se demander pourquoi ça clignote. Actuellement, je vois bien que si, sur un point, je suis en dehors de la loi et ne me sens pas prêt à reprendre le droit chemin, je me coupe finalement de tout repère, de Dieu et de son Église, simplement parce que, sur un point, je suis en opposition. Dieu ne renoncera pas à mettre des clignotants pour nous permettre de vivre, pour réparer ce qui est abîmé ou cassé en nous. Si vous laissez tomber, le clignotant sera toujours là. Si vous n'avez pas envie de rentrer au port, ne cassez pas le phare ! Dans les dernières années de l'Espagne franquiste, marquées par un catholicisme quasiment d'État, de nombreuses femmes entre deux âges ont paradoxalement cessé toute pratique. Elles n'étaient ni jeunes ni vieilles, elles prenaient la pilule, et parce que sur ce seul point, elles s'étaient mises en dehors de la loi de Dieu, elles ont tout arrêté…

Maintenant, les gens cachent le clignotant, et les problèmes commencent beaucoup plus tôt. Mais il ne faut pas se faire de la loi une ennemie. Croyez toujours qu'elle est une amie. Si votre ceinture n'est pas accrochée au moment de prendre le volant, attachez-la ! Gardez l'humour et le respect de Dieu et, si vous avez « pété les plombs » sur un point, sachez le reconnaître. Il ne faut pas croire que Dieu nous en veut. Voilà le test de la morale fondamentale, la qualité de l'intelligence des choses morales pour la nouvelle évangélisation.

L'agir vertueux

Je voudrais maintenant évoquer, dans la continuité de ce qui précède, les vertus et les dons, qui malheureusement sont souvent oubliés aujourd'hui. Les gens en effet ne savent pas ce qu'est la vertu, ils trouvent cela dépassé et vieillot. On parle pourtant par exemple de l'héroïcité des vertus des saints, mais cela semble un peu lointain. La vertu n'est pas du tout une notion propre aux chrétiens, elle appartient au vocabulaire de la philosophie morale, vocabulaire qui vient des catégories de Cicéron[1]. **La vertu est une aptitude que l'on acquiert en vue d'agir facilement dans l'ordre du bien**. Je trouve cette idée fascinante parce que l'idée de vertu veut dire, à travers Cicéron et saint Thomas d'Aquin, que l'ordre moral, la réflexion morale, notamment sur les vertus, servent en quelque sorte à agir, sont ordonnés à l'action. Nous, quand nous pensons « morale », nous pensons : « éviter le mal ». Cela n'est pas faux bien sûr, mais ce n'est pas une stratégie en soi que d'éviter de se tromper. Au bout d'un moment, ça aboutit à ne rien faire. Pourtant, toute action implique quelques risques. Nous sommes arrivés à nous stériliser avec cette peur du mal. Or, la réflexion morale n'est pas d'abord conçue pour éviter le mal, mais pour constituer un outil au service du bien, d'un agir en vue du bonheur. Si, quand vous vous retrouverez devant saint Pierre, vous faites un discours qui commence par : « J'ai fait des bêtises, mais… », il s'en moquera ! Je peux vous le dire à l'avance, ce ne sera pas original !

Par contre, pouvoir dire le bien que vous faites, c'est génial ! J'ai beaucoup confessé, et quand on passe des heures à écouter les péchés des gens, il faut voir le désir de Dieu et la

---

1. Homme politique et orateur romain, Cicéron (v. 106-43 av. J.-C.) chercha à concilier différentes écoles de pensée pour dégager une morale pratique en harmonie avec les exigences de la Cité.

bonté de la personne qui se confesse, sinon c'est horrible ! Le but de l'agir et de la réflexion morale, c'est d'accomplir le bien, et quand on parle de vertu, c'est pour pouvoir agir facilement dans l'ordre du bien. Sinon, tout est difficile ou impossible, et l'on n'y arrivera pas. L'homme qui n'est pas doté d'un agir vertueux un peu dense ne sera pas capable d'agir. Il y a des gens qui n'ont rien fait de bien grave, mais ils n'ont rien fait de bien non plus. Souvent, quand on parle de quelqu'un de vertueux, on parle en réalité de quelqu'un de mesquin qui ne fait rien de mal ou de bien.

Imaginez qu'au pied de votre immeuble, il y ait un pâtissier chocolatier. C'est une catastrophe pour la plupart des gens ! Il faut sortir de chez soi en courant pour échapper à la tentation d'y acheter des tas de choses, ce n'est pas gai ! Ce n'est pas gai non plus de tomber sur quelqu'un qui fait n'importe quoi. Il faut être capable de vivre cela tranquillement, d'y entrer de temps en temps, d'agir facilement, pour goûter ce que l'on fait, sans rien redouter. Il ne faut pas que cela soit trop tendu.

Le vice est un conditionnement qui nous pousse à agir dans l'ordre du mal. Ce n'est pas tout à fait le symétrique de la vertu, c'est une déqualification de la liberté. On ne sait pas freiner au feu rouge, et c'est trop tard ! Agir vertueusement, c'est comme faire des gammes au piano. C'est spontané, pas forcément explicitement conscient : l'éducation joue un grand rôle dans ce domaine. On acquiert dans son éducation un savoir-faire et un savoir-vivre, mais souvent, on se rend compte qu'il y a eu des trous, des fragilités, et il faut réapprendre, en particulier à l'adolescence. Il y a parfois des expériences et des contre expériences qui font qu'il faut tout recommencer. Souvent, il y a des choses que l'on apprend plus tard, comme la maîtrise de la sexualité, qui n'est pas acquise à l'âge de quatre ans ! C'est valable pour tous les aspects de la vie humaine.

Vertus cardinales et théologales

Cicéron distingue quatre vertus principales, et c'est pourquoi nous parlons des quatre vertus « cardinales ».

Tout d'abord, il y a la vertu de **justice**, qui règle deux choses très importantes : nos relations interpersonnelles et notre rapport aux biens. Il y a une tentation très particulière aujourd'hui dans ce domaine, car il y a la possibilité d'avoir beaucoup d'argent, de pouvoir, de responsabilités, ce qui peut exposer à des tentations phénoménales.

Avec la vertu de **tempérance**, il s'agit de maîtriser ce qui relève de notre vie corporelle comme le boire, le manger, la sexualité, le sommeil, etc. C'est peut-être ce qu'il y a de plus douloureux quand on ne l'a pas. Cela concerne le rapport au corps, c'est-à-dire vraiment nous-mêmes et pas les autres.

La **force**, troisième vertu cardinale, est une aptitude à faire les choses difficiles, à agir vers le bien avec une certaine facilité. On rêve souvent d'un monde où il n'y a plus de difficultés, mais il y en a ! Un homme debout, c'est un homme capable d'aborder les choses normalement difficiles. Si vous embauchez un collaborateur, vérifiez cela. Nous avons d'abord une intelligence technique, mais qui ne résout pas toute seule les problèmes de l'ordre moral.

Enfin, il y a la **prudence**. Il faut prendre le mot dans le sens d'être capable de se gouverner soi-même et de gouverner les autres. Il faut pour cela les autres vertus cardinales et, d'une certaine façon, la prudence qui les couronne, les conclut.

Les chrétiens, eux, ont « inventé » les vertus théologales, qui touchent à la relation vis-à-vis de Dieu : la **foi**, la **charité** et **l'espérance**.

La foi est la connaissance dans l'amour de Dieu.

La charité, c'est l'amour de Dieu, donc l'amour du prochain.

Enfin, l'espérance est le ressort qui nous tire vers la vie éternelle, et elle a un lien avec la force, sinon, c'est la désespérance. Elle nous introduit déjà dans la vie éternelle.

Les vertus théologales ne sont pas acquises, mais infuses. Une fois que nous les avons reçues, nous devons les développer nous-mêmes. Les vertus cardinales sont acquises d'une part, infuses d'autre part : l'Esprit Saint vient au secours de notre faiblesse. Pour comprendre l'acquisition des vertus, il faut prendre des comparaisons artistiques ou de métiers, car être vertueux, c'est « avoir du métier » en termes de vie morale.

Quelle que soit son expérience, quel que soit son talent, un bon pianiste continue à faire ses gammes. Si vous demandez de jouer à quelqu'un qui n'a pas travaillé le morceau, ça ne donnera pas grand-chose. Avoir un Stradivarius ne change rien si l'on ne s'est pas longuement préparé. De même, être libre, c'est pouvoir faire tout ce que l'on veut dans le sens d'une perfection, et quand bien même une difficulté supplémentaire se présente, arriver à faire ce qu'il faut. Ainsi, lorsque j'étais évêque de Tulle, un pianiste devait jouer un soir dans des conditions peu favorables : il n'y avait que quarante personnes dans la salle, il était aveuglé par les projecteurs, étouffait en raison de la chaleur que favorisait encore la présence de quarante-cinq à cinquante personnes dans l'orchestre, des enfants criaient dehors, il y avait de la poussière, le tout se passait dans un gymnase… Il y a de quoi piquer une crise de nerf, sauf si vous avez une très bonne maîtrise de vous-même et un brin d'humour, ce dont ce pianiste ne manquait pas : c'était un bon pianiste !

Mise en pratique

Si l'on se penche maintenant sur notre vie, nous pouvons dire que, bien sûr, nous savons conduire sur l'autoroute, ce n'est pas ce qu'il y a de plus difficile, mais il nous est demandé justement de conduire dans des circonstances où il y a toujours des difficultés. Pour progresser, il faut faire un examen de conscience sur le bien et le mal, mais aussi sur les vertus acquises ou non. Moyennant quoi on fait ensuite quelques gammes : savoir par exemple se priver jusqu'au moment où l'on est délivré de la tentation de tout engloutir, ou encore savoir se servir de la télévision : des gens découvrent qu'ils n'ont plus d'aptitude à maîtriser la chose, à choisir un programme, ils zappent en permanence. Il faut alors apprendre à vivre sans télévision, ou bien décréter à l'avance ce que l'on va regarder, ou encore s'accorder un crédit horaire, ou choisir en fonction du sujet des émissions, que sais-je ?

Pour le mariage, c'est la même chose : il faut vivre les vertus de façon impeccable, sinon on se retrouve dans la complicité, dans la faiblesse. Pour certains, quand ils se marient, on ne peut pas dire qu'ils méritent le prix Nobel de la vertu : il leur faut travailler, sinon, ce n'est plus l'alliance dans le mariage, mais la défaite assurée ! Dans son CV, on peut ensuite écrire : « Pendant un an, j'ai travaillé les vertus » ! C'est la base ! Par ailleurs, sous certains angles, la personnalité est plus ou moins bien construite et il faut renforcer solidement tout l'édifice, car les vertus assurent la solidité de notre liberté. Si un secteur de notre vie humaine laisse à désirer, on risque fort une contamination rapide. Cela commence parfois par un fort penchant pour le chocolat… c'est-à-dire par des choses qui, en elles-mêmes, peuvent sembler relativement insignifiantes. Il y a toute une collection des vertus à ne pas oublier, et une progression est possible. Certains disent : « J'ai perdu la foi », mais en fait, ils n'ont pas nourri cette vertu de foi, et immanquablement, elle s'étiole. On peut aussi travailler, faire des actes de foi pour grandir dans la foi.

La réflexion dans l'agir vertueux nous révèle que notre vie morale n'est pas une suite d'atomes : tous nos actes sont reliés entre eux, et ils forment une ligne qui traverse ma vie, avec une finalité. Tout n'est pas forcément linéaire : dans certains cas, vous vous trouvez en deçà de la loi, vous êtes loin du minimum, et vous êtes en danger. Il faut que vous vous donniez les moyens de réacquérir une plus grande force vertueuse sous cet angle défaillant, et vous êtes alors en marche vers une situation vertueuse, peut-être encore en deçà de la loi, mais en marche. Si vous ne bougez pas, votre discernement est faible. Il faut réintégrer cela dans le contexte d'une vie, dans celui d'un couple. Celui qui a un agir vertueux fort peut se laisser piéger lourdement. Il chute, mais il peut se relever très vite, sauf s'il est complice de sa chute. Des gens bien construits ont des loupés mais se relèvent vite. Il y a là une leçon de fidélité. Ce n'est pas si facile de larguer tout un élan de vie ! Celui qui n'a pas cette force est pris par une tentation, chute, et ne peut se relever. Celui qui a un agir vertueux fort est nourri par une paix intérieure, car certes les épreuves sont rudes, mais il a la possibilité de les traverser assez aisément. Il faut beaucoup de vigilance. Le jaloux pense que l'autre va bien se planter, aussi faut-il ne pas tomber dans le piège du soupçon.

Demander l'aide de Dieu

Je voudrais ajouter une chose : la réflexion sur l'agir vertueux ne s'adressait qu'aux patriciens du temps de Cicéron, dans le cadre d'une société inégalitaire. Ce n'était pas pour les esclaves. Aujourd'hui encore, bien des gens raisonnent comme cela. La réflexion chrétienne a éclairé ces réflexions par les dons de l'Esprit Saint qui viennent qualifier les vertus : il y a une présence aidante et constante de Dieu si on la lui demande. Par un don constant en effet, Dieu vient aider à la manœuvre. Saint Augustin a fait un tableau de correspondance des sept dons, des sept vertus, des sept demandes du *Pater* et des sept Béatitudes. Si, dans la prière, vous demandez les dons de Dieu, vous les recevrez dans l'Esprit Saint, ce qui va venir éclairer les vertus. Mais il faut que la demande soit sincère et profonde.

Cela me fait penser à une personne qui voulait me vendre quelque chose en vantant ses qualités spirituelles. Je lui ai dit : « Vous êtes un mauvais vendeur, je ne vous achète rien », car il voulait me faire acheter en se faisant mousser sur le terrain de la qualité de sa vie spirituelle et morale. Cela me fait aussi penser à cette personne qui avait été à l'école chez les Frères et qui disait : « J'ai donné sa chance pendant sept ans à Dieu, il n'a pas su la prendre. » Ce n'est pas du tout comme cela que se présentent les choses ! Il faut demander ses dons à Dieu avec humilité.

Si vous priez et que, en même temps, vous engagez votre liberté, vous êtes dans une véritable démarche de conversion. Il y a un lien constant entre l'action de l'homme et l'intention de Dieu qui soutient l'agir de l'homme.

La morale chrétienne est une morale des vertus et des dons en vue d'agir facilement dans l'ordre du bien. Cela concerne tous les aspects de la vie humaine. Les gens pensent que la vertu est nécessaire pour les choses difficiles. Pas seulement. Aristote vante la vertu de détente, l'*eutrapeia*. Les gens ne pensent pas que l'on peut pécher dans ce domaine. Pourtant, il faut savoir se distraire, sinon nous risquons une fois encore le déséquilibre.

Cela me fait penser à celui qui s'accuse de ne pas se réveiller, ou à ceux qui ne savent pas se coucher. La règle de saint Benoît prévoit les deux heures, celle du coucher et celle du lever. Imaginez dans sa cellule la nuit un jeune moine entre deux vieux moines insomniaques, l'un n'arrivant pas à s'endormir et l'autre se réveillant beaucoup trop tôt, sans parler de ceux qui ronflent ! Plus largement, nous vivons dans un monde où les gens sont tous fatigués, stressés, et dans ce domaine aussi, nous avons notre responsabilité.

CHAPITRE 3

LA RÉVOLUTION SEXUELLE DE LA CHASTETÉ

Prenons l'exemple de la vertu de chasteté pour illustrer le fonctionnement concret des aides à la liberté. La chasteté fait partie de la vertu de tempérance, elle regarde la maîtrise de notre vie dans sa dimension corporelle. La sexualité est l'expression de notre amour, de nos affections dans leur dimension physique. Ce n'est pas le tout du discours sur la vertu, mais elle est importante, car nous ne vivons rien d'essentiel sans dimension corporelle. La dimension physique de l'amour suppose une réflexion sur la chasteté. La règle est que s'il n'y a pas de chasteté, nous sommes bloqués au niveau de la manifestation, de l'expression. Il n'y a pas de plénitude, notamment au niveau du mariage. De nombreuses personnes ont du mal à maîtriser cet aspect-là. On ne peut pas dire que la recherche de la vertu de chasteté soit développée, elle est plutôt oubliée.

Quelques malentendus

La réflexion technique ou psychologique sur ce sujet ne remplace pas la réflexion morale. La chasteté est en effet d'une importance notable, mais c'est une vertu qui n'est pas reconnue, qui est méprisée. Cela me fait penser au gars qui ne sait pas nager disant qu'il n'aime pas l'eau ! On sait aller sur la lune, mais on ne sait pas pratiquer la chasteté dans l'amour…

Au départ, il y a des malentendus connus et anciens, notamment à propos du plaisir. Quel est le statut moral du plaisir pour l'homme sage de ce monde ? Est-il bon, moyen, douteux, mauvais, notamment le plaisir physique ? Peu de gens disent qu'ils ont du plaisir à assister à une nuit d'adoration ! C'est rare, ce sont des connaisseurs !

Le plaisir physique est bon si l'acte qui le procure l'est : c'est le statut moral du plaisir. La qualité morale du plaisir est liée à la qualité morale de l'acte qui nous procure du plaisir. Manger des fraises, oui, mais si elles sont volées, ou si vous mangez tout le plat… On peut aussi compliquer le problème, par exemple si on ne va plus chercher la bonté de l'acte mais seulement le plaisir qui l'accompagne : en fait, ce n'est plus le même acte, et il y a une dégradation dans l'agir.

Il y a aussi une morale tordue, qui refuse tel ou tel acte parce qu'il procure du plaisir : « C'est mal ! » s'exclament certains. Mais concrètement, dans notre vie, les choses ne sont pas si simples. Il y a d'abord des malentendus liés aux morales hédonistes de l'Antiquité. Nous, chrétiens, nous ne sommes pas pour une morale du plaisir, mais du bonheur, qui intègre la dimension spirituelle du plaisir. Le bonheur n'est pas seulement dans l'ordre de l'expérience sensible, il est lié à une expérience spirituelle, au-delà des fraises, pour reprendre l'exemple proposé précédemment. On en a conclu que les chrétiens étaient contre le plaisir, non ! Ils l'ont situé à sa place. Mais beaucoup de non chrétiens, et même un certain nombre de chrétiens, sont encore dans le malentendu.

Autre malentendu : la confusion entre chasteté et continence. Le discours sur la chasteté intègre la continence : il s'agit d'un renoncement pour une raison très forte ou pédagogique pour mieux vivre les choses ensuite. La continence est un renoncement, mais cela ne veut pas dire que je trouve mauvais ce geste auquel je renonce. À telle époque de ma vie, selon telle fréquence, il est judicieux ou pas.

Il y a aussi un malentendu chez les chrétiens autour du mariage : il a en effet souvent été considéré comme un chemin de sainteté de seconde classe : « Le mieux, c'est d'être chartreux ! Si je n'y arrive pas, je me marie et mes enfants le seront ! » Beaucoup de gens sont curieusement et douloureusement porteurs de cela. Lors de mon ordination sacerdotale, j'ai reçu beaucoup de courrier qui exprimait ce genre de choses. L'intention de ceux qui m'écrivaient était droite, mais je pensais que c'était idiot de raisonner ainsi. Si vous pensez que le mariage est moins honorable, c'est idiot ! Il n'y a rien de plus honorable que l'état de baptisé. « Nous qui sommes de pauvres laïcs » disent certains. Ne tombez pas dans ce genre de pauvretés : de pauvres laïcs, ça n'existe pas ! Évidemment, la conséquence pour ceux qui tiennent des raisonnements aussi tordus, c'est que les vertus propres à la vie conjugale sont nulles. Il y a là un vieux démon gnostique qui sépare le corps et l'esprit. Le *Credo* nous dit que Dieu a tout créé : il ne faut rien mépriser, sinon c'est Dieu lui-même que l'on méprise.

Ni ange, ni bête…

Il faut avoir un discours solide sur l'unité du corps et de l'esprit, car le dualisme aboutit à une vision de la sexualité très dangereuse où l'esprit appartient au domaine des anges, et le corps au domaine animal. Mais l'homme a une dimension animale plus une dimension spirituelle, il n'est ni ange, ni bête, mais simplement homme. Nous ne sommes pas dirigés par l'instinct mais par la liberté, d'où l'importance de la morale.

Le docteur Chauchard, célèbre neurologue, disait de façon provocatrice que le principal organe sexuel de l'homme, c'est son cerveau. Il faut ajouter à cela la dimension spirituelle, mais j'ai besoin de mon cerveau pour penser. Je dirais qu'il y a une synthèse. Attention au dualisme anthropologique, dont les conclusions sont faussées. Nous ne sommes pas le jouet de nos instincts, mais nous agissons dans la liberté pour que nous prenions nous-mêmes confiance, pour que nous nous mettions en route sur le chemin d'excellence.

Beaucoup de choses dans notre culture font que le discours sur la maîtrise morale de la sexualité est délicat : le monde est rempli sur ce sujet de tabous et d'idées fausses. Pourtant, il y a urgence car les blessures sont profondes : on est plus facilement pauvre dans ce domaine, malgré mai 68. L'initiation à la sexualité dans les écoles ne va pas très loin, dans le sens où c'est au feu que l'on apprend. Dans l'intervalle, beaucoup sont morts... On réfléchit après coup. Les sociétés sont généralement porteuses d'indications, de tabous, mais aujourd'hui, c'est un véritable capharnaüm !

Il y a urgence d'une réflexion d'hygiène publique, par exemple à propos des MST, les maladies sexuellement transmissibles. On le fait, d'ailleurs, mais on prend les heures d'éducation religieuse pour cela : c'est stupide ! Il y a une véritable urgence d'un discours, car nous sommes fragiles, et nous nous posons trop tard les questions judicieuses. Il faut que le discours moral soit accessible au bon moment, ni trop tôt, ni trop tard. Il y a un gros travail de communication à faire pour retrouver toute la positivité de cette réflexion morale. Les gens attendent le contenu, mais ils ne savent pas que ce contenu libérateur est derrière l'étiquette morale ou éthique.

La chasteté est une vertu particulièrement sympathique quand on la découvre en vérité, mais méfiez-vous des contrefaçons ! Je pense à l'exemple de quelqu'un qui a vécu cette vertu à un haut niveau. Il en a ainsi fait apparaître une qualité et une clef : quelqu'un qui est chaste rend les autres chastes. Quelqu'un qui ne l'est pas ou qui l'est faussement n'aide pas les autres à l'être. Cette personne à laquelle je pense, c'est Jeanne d'Arc. Lors de son procès, elle a répondu à des tas de questions ! On se demandait si elle était une sorcière ou une bonne chrétienne. Dans les témoignages recueillis, beaucoup la disent pieuse. Un jour, un soldat s'approche de Jeanne avec des intentions on ne peut plus claires. Elle ne lui donne pas de gifle, mais sa personne seule le fait reculer. Très tôt, elle a compris cela. Elle a fait un vœu de virginité et est surnommée la Pucelle. Elle considérait que la chasteté était quelque chose de très libérant, et elle voulait particulièrement vivre cela. Elle est elle-même. Elle vit en vérité. Son exemple montre que la chasteté est rayonnante, alors que si elle avait donné une gifle au soldat en question… Elle n'a pas tant libéré Orléans que rendue chaste l'armée de Charles VII. Elle a fait en sorte que l'on renvoie les femmes qui tournaient autour des soldats, et les confessions se sont multipliées.

La chasteté n'est pas du barbelé autour du désir. Elle ne dit pas : « N'approchez pas ou je tire ! » Ce n'est pas une peur, mais une aptitude à être soi-même en vérité par rapport à ceux qui sont en face de nous : le conjoint, le frère ou le voisin.

Réfléchir à ce qui est bon

Ce que dit l'Église dans son enseignement sur la vie conjugale est dans l'ensemble mal compris, mal vécu. Elle dit notamment que ceux qui se préparent au mariage doivent bien prendre garde de ne pas vivre au niveau de la sexualité comme s'ils étaient déjà mariés. Cette règle que les chrétiens ont appris à observer pour leur bonheur et leur liberté est mise à mal, de fait, de manières très diverses à travers les époques. Aujourd'hui, il y a des gens qui ont fait des choses, s'en confessent, disent qu'ils ont l'intention de recommencer et ne voient pas pourquoi ils ne recommenceraient pas. Que faire ? Il s'agit de retrouver le sens de cet enseignement et de sortir de la règle du minimal. Cette parole perd tout sens, toute crédibilité et on se persuade qu'elle est nulle. On la comprend de façon très minimale, c'est-à-dire très matérielle, dans le sens où serait interdit tel geste, tel acte, et on dit : « Mais l'Église défend au mari de coucher avec la voisine ! » Et on dit ensuite que le fiancé et la fiancée sont dans le même cas. C'est ridicule de comparer deux choses qui ne sont pas comparables ! Je pense encore à tous ces hommes que l'on retrouve au Bois de Boulogne, par une fin d'après-midi au mois d'août, et dont la femme est depuis trois semaines chez Belle-maman. C'est abject par rapport à eux-mêmes, par rapport à leur femme et par rapport à la femme du Bois de Boulogne !

Si on compare le jugement moral sur la prostitution, sur l'adultère et le rapport sexuel dans un couple qui n'est pas encore marié, mais qui va se marier dans deux jours, ça va faire paraître des détails idiots : la veille du mariage, le lendemain… parce que l'on ne regarde qu'un aspect matériel.

Il faut d'abord situer les choses au niveau de la réflexion morale, dont les aspects matériels ne sont que la conséquence. Il ne faut pas avoir d'approche minimaliste de la question en apposant des étiquettes d'une manière négative, comme ceux qui disent que l'Église est contre la sexualité, donc contre le plaisir, et qui du coup font ce qu'ils pensent devoir faire sans plus écouter ce que dit l'Église.

Il y a une autre manière de mal comprendre l'enseignement de l'Église, les gens passent au-dessus de la première barrière mais restent dans le minimalisme en pensant : en fait, l'Église dit « Avant le mariage : rien, et après le mariage : n'importe quoi. » Évidemment, l'Église ne dit pas cela ! La parole de l'Église, c'est un repère qui vaut bien sûr pour les fiancés, mais d'abord pour les gens mariés. Il s'agit de vérifier que vous avez une qualité de maîtrise au niveau de votre sexualité avant le mariage, mais il faut garder cette maîtrise dans le mariage aussi ! Si vous ne l'avez pas acquise avant le mariage, il faut l'acquérir, et si vous l'avez acquise avant, il faut la garder.

On ne dit pas que tel geste est négatif avant le mariage et positif après, mais on vous demande simplement de vérifier ce que vous voulez vivre. On vous fait remarquer que c'est un minimum, comme la messe le dimanche. En dessous de ce minimum, vous vivez mal. Si vous n'êtes pas apte à renoncer à tel geste avant de vous marier, c'est que vraisemblablement vous n'avez pas une maîtrise suffisante de vous-même. Il n'y a pas un catalogue des choses permises ou interdites les jours maigres et les jours gras ! Lorsqu'on indique tel geste, c'est un repère.

Le problème n'est pas de définir ce qui est permis mais ce qui est bon, ce qui est excellent pour vous aujourd'hui, et c'est très différent d'un siècle à l'autre, d'un milieu social à l'autre, et selon son niveau de maturité aussi. Il ne s'agit pas de faire tout ce qui n'est pas interdit ! Simplement, il y a des choses que des fiancés vont se permettre de manière judicieuse, et des choses qu'ils vont s'interdire alors que ce n'est pas interdit mais qu'ils ne veulent pas vivre. Ils savent que s'ils vivent cela, ils risquent de vivre autre chose qu'ils ne veulent pas vivre. Il se peut aussi que pour telle ou telle raison, ils renoncent à vivre telle chose parce qu'ils ne le veulent pas, parce qu'ils ne sont pas prêts, parce qu'ils vivront très bien sans.

Les vertus du dialogue

À travers ces remarques, nous voyons toute l'importance du dialogue dans le mariage, parce qu'il y a des risques de dérapage. Il faut se donner des repères pour avancer. Il faut une juste maîtrise de nous-mêmes, de l'un par rapport à l'autre, et des deux ensemble. Ce n'est pas : « Rien avant et tout après », c'est une certaine qualité d'agir avant pour une certaine qualité d'agir après, et qui va se traduire concrètement de manières différenciées. Il est évident que si vous dites : « Ce soir jusqu'à 18 h 30, interdiction de faire cela, mais après 18 h 30… » Ne délaissez pas vos invités juste après la cérémonie de mariage ! Attendez des conditions plus heureuses pour vivre des choses et des gestes plus forts. L'Église donne un repère fort parce que ce n'est pas évident. J'imagine bien que ce n'est pas le genre de sujet qui s'aborde facilement, et il faut une certaine discrétion, de l'intelligence. S'il faut un peu de netteté sur les choses qui sont fortes, autant en parler avec une certaine discrétion, de la délicatesse, de la réserve.

Quand l'Église énonce un interdit sexuel, cela reste une indication, non pas pour la transgresser mais pour en avoir une compréhension enrichie et forte, pour pouvoir entrer dans une vie et une relation qui soient vraies, qui vont aboutir d'ailleurs à donner du sens à cet interdit.

C'est le sceau de l'amour. Si on ne sait pas bien vivre l'expression de l'amour à travers notre sexualité, il y a quelque chose qui ne sera pas exprimé, qui sera douloureux, et l'expérience commune, c'est qu'effectivement ce qui devrait être beau et heureux devient un grand bazar. Il y a plein de couples qui ne vivent pas si mal que cela mais qui ont du mal avec la sexualité, qui parfois même sont infidèles l'un à l'autre. Certains se heurtent sur ce point. Cela aboutit à la résignation, à la passivité ou au refus de la sexualité dans le couple. On peut évoquer ici l'exemple d'une femme brutalisée par son mari, lequel ne pense qu'à son plaisir personnel : elle finit par en avoir ras-le-bol, par dire que ce n'est plus de leur âge, alors qu'ils n'ont même pas quarante ans. Ou encore, comme je l'ai vu, des papys de 70-75 ans : lui se plaignait du fait que sa femme ne voulait plus de lui.

Des « super cathos » font les pieds au mur ou vont au Bois de Boulogne. Si pendant quinze ans, il ne s'est presque rien passé et que ça ne s'arrange pas, il y a des hommes qui ne tiennent pas. Il faut une sérieuse dose de vertu, de patience. À 85 ans, un homme est toujours un homme et une femme toujours une femme, et même si bien des choses ont changé sur le plan corporel et physiologique ou psychique, l'amour s'exprime toujours avec son corps. Il faut inventer d'autres gestes, peut être sensiblement moins forts, mais tout aussi forts intentionnellement. Il y a une sexualité différenciée, qui consiste à exprimer son amour avec ce que l'on est. Ce n'est pas la sexualité des écrans, même à 80 ans. Je vois des couples qui se promènent en se tenant par le petit doigt à 80 ans…

Un témoignage d'amour

Vivant les choses différemment, ne comprenant plus les repères moraux, nous avons éludé la réflexion morale et spirituelle, et ouvert les vannes à une sorte de laxisme qui fait que, surtout sur le plan sensible, nous avons cherché des expériences fortes. Prenez par exemple la musique : elle devient plus forte, il y a de plus en plus de violence des basses. Dans la sexualité, nous constatons un phénomène analogue : la recherche d'une expression de plus en plus forte, sans plus savoir dans quel sens ça va. Nous vivons dans une culture de mort, car au bout d'un moment, l'expérience la plus forte est celle où l'on flirte avec la mort, celle de l'autre, et la sienne. La sexualité aboutit à cela car elle est déréglée. Il faut réinventer une vraie sexualité, c'est-à-dire l'expression de notre amour diversifiée par le corps, la parole, etc.

Notre problème aujourd'hui, c'est d'être face à une culture qui n'est porteuse ni d'un message moral ni d'une qualité de vie spirituelle, ni même sur le plan anthropologique de quelque chose de significatif. Il y a un terrible appauvrissement, une mise en valeur exclusive du désir, de l'instinct, d'une recherche brutale et violente. Cela aboutit à une quantité de dérèglements.

Voilà donc des points de repère sur la vertu de chasteté, sur laquelle je vous ai dit quelques mots introductifs un peu généraux avant d'essayer d'expliquer quelque peu comment se positionner par rapport à cette parole d'Église, ancienne et toujours actuelle, qui semble s'adresser plus spécifiquement aux fiancés, mais aussi à tout le monde, en disant : avant le mariage, vérifiez quelle attitude vous voulez avoir l'un par rapport à l'autre quant à l'exercice de cette manifestation de l'amour à travers les corps.

En réalité, la question se pose pour tout le monde tout le temps. C'est vrai que cette invitation de l'Église a une pertinence particulière par rapport aux fiancés, parce que quand nous découvrons cet amour et que nous voulons l'exprimer normalement, cela passe par des gestes. Il y a une spontanéité des gestes, et parfois il y a lieu effectivement de s'interroger ensemble sur les gestes que l'on veut vivre pour qu'ils restent vrais et authentiques, pour qu'ils puissent exprimer durablement une certaine manière de vivre les choses.

Et si on prenait le temps de s'aimer ?

Cela veut dire aussi que l'Église souligne qu'il y a des dérapages possibles et qu'il faut acquérir une maîtrise pour les éviter, le principal dérapage étant de passer de l'expression de l'amour à travers les gestes, qui sont aussi l'occasion de goûter à un plaisir, à la recherche de ce plaisir plus ou moins indépendamment de l'expression de l'amour. Ce passage est malheureusement très fréquent. Il peut être fait en transgressant complètement les règles du bon agir en cherchant le plaisir comme on peut d'une manière souvent lamentable ; il peut être fait à l'intérieur de ce qui semble être raisonnable, à l'intérieur du couple.

Mais précisément, si des relations avec du plaisir sont plutôt une recherche de l'expression de l'amour en se donnant à l'autre et en lui offrant justement la joie d'être aimé(e) et de le savoir, à ce moment-là, il y a une relation qui peut être très belle, mais qui peut aussi être quelconque ou même destructrice, et les choses se renforcent ou peuvent devenir plus délicates dans la mesure où souvent l'on rêve les choses. « Je t'aime, tu m'aimes, nous nous aimons », on se le manifeste, mais au quotidien, c'est : « Ce soir je suis fatigué(e), fiche-moi la paix. Je ne te le dis pas comme ça, mais en fait, c'est ça. » Donc les gestes qui expriment l'amour perdent leur signification, et il arrive qu'on les esquive. On dit qu'on a mal à la tête, qu'on a la grippe, que l'on n'est pas disponible. Vous attendez votre mari. Il va revenir, vous l'attendez, le voilà ! Pendant le repas, une goutte d'eau tombe du plafond : « Comment ? Tu n'as toujours pas appelé le plombier ? » Il y a un moment de mésentente, un énervement intérieur de l'autre et, deux heures après, on y pense encore, tandis que lui a déjà tout oublié. On n'a pas envie. Soit on cède, soit on se laisse faire, ou bien bébé est malade et il faut appeler le médecin ! L'attention aux enfants fait que l'on n'est pas forcément disponible non plus. Si vous n'avez pas un bon tempérament, une bonne tempérance, au bout d'un moment, vous en avez marre !

Il y a une chose que j'ai découverte subrepticement en parlant avec un médecin qui avait surtout fait du conseil conjugal, le docteur Rendu. Je trouvais que sur certains points, il exagérait : il estimait qu'il fallait vingt minutes pour qu'un rapport sexuel dans un couple soit unitif, fécond spirituellement, heureux. Il me demandait mon avis : « Que voulez-vous que je dise ? » À des retraitants, je dis toujours l'importance de la prière, de l'oraison, ne serait-ce que dix minutes. On aimerait bien prier dix minutes, mais on n'y arrive pas. La vérité, c'est que les gens ne prennent pas ce temps humain. En trois minutes trente secondes et même moins, on peut prendre son plaisir physiologiquement, mais on n'exprime pas son amour en vue de communiquer cette joie à l'autre. Et l'homme s'endort ! L'autre pense : « Je suis mariée avec un sac de sable ! »

C'est extrêmement blessant au fond parce que c'est un ratage magnifique à chaque fois. Il y a des femmes qui n'ont jamais connu la joie d'être aimée physiquement parce que l'homme ne cherche que son plaisir. Cela me fait penser aux adolescents boutonneux qui ne savent plus dire bonjour et au revoir à leurs parents. L'adolescent ne sait plus faire. Si je rencontre un ami dans la rue et que je suis pressé, je lui dis au moins : « Salut ! »

Ici, il s'agit d'un lien beaucoup plus fort que l'amitié, et on ne peut pas se contenter de la médiocrité, et encore moins se permettre de louper le but qui est de communiquer la joie d'aimer et d'être aimé à l'autre. Dans une société hédoniste, le but étant de se faire plaisir, on ne comprend plus rien. Et si je dis ce que je viens de dire à une émission de télévision, je me fais flinguer, on me coupe le micro tout de suite, et la télévision explose ! L'écran est crevé, ils n'en croient pas leurs oreilles, c'est incompréhensible ! Nous sommes dans une société qui privilégie mon épanouissement et mon plaisir, où « je t'aime parce que tu me procures du plaisir ».

Le plus important est d'abord le témoignage d'amour donné. On voit bien que dans la structure de notre être, avec sa physiologie, sa psychologie, dans la richesse de sa liberté, ce n'est pas évident de tenir jour après jour dans la ligne concrète de son existence avec celui ou celle que l'on a décidé d'aimer, et que l'on aime de fait. Il est difficile de tenir une qualité de présence à l'autre et une qualité d'expression de cet amour adaptées, avec un accord pour vivre telle chose de telle façon et pas n'importe comment. Ce n'est pas évident. Théoriquement, oui, pratiquement, non. C'est pour cela qu'il faut acquérir une certaine maîtrise de soi pour pouvoir entrer dans cette voie-là et avancer, sinon nous allons bricoler et rien ne bougera.

La chasteté conjugale

Ceci dit, la crainte de blesser l'autre, de ne pas lui donner ce qui est juste, de se donner à l'autre, est mauvaise conseillère aussi. Ce n'est pas la peur qui nous dirige. La chasteté n'est pas une vertu qui va sans cesse nous donner des voyants rouges en disant : « Attention, es-tu bien sûr de ceci et de cela ? », mais c'est une force acquise qui va nous permettre effectivement d'exprimer notre amour. Souvent, il y a toute une misère qui se vit dans les couples et effectivement, par fatigue, par lassitude, par des expériences plus ou moins fameuses, par paresse, on n'est pas du tout disponible à l'autre pour lui exprimer notre amour, et pour lui laisser l'occasion d'exprimer le sien de la manière la plus totale, y compris à travers cette dimension physique. L'excuse de la fatigue, c'est très fréquent. Il y a des couples où c'est toujours le même qui demande. Au bout d'un moment, il finit par en avoir marre de demander et il ne demande plus. Après, c'est le choc, on est malheureux, on compense, on devient agressif, rancunier, etc.

La vertu de chasteté doit nous donner une vigilance pour bien vivre notre amour, au sens d'éviter de faire des sous-produits, mais aussi pour avoir le courage de le vivre. Cela implique aussi qu'on se donne des repères mutuels, sinon, vous pouvez toutes les cinq minutes tenir un conseil de guerre, c'est la mort quand même. Il y a certainement aussi une certaine spontanéité qui est indispensable, il ne faut pas tout réglementer. La chasteté est là pour cela. Heureux ceux qui sont chastes, surtout dans le mariage !

Dans une situation difficile comme le célibat consacré, vous allez vivre la chasteté au service d'une continence qui prend du sens autrement, dans le sens de ce célibat. Alors bien des gens disent que ce n'est pas possible, que les prêtres devraient se marier, sinon ils vont avoir des fantasmes terribles ! Mais ce que l'on oublie de dire, c'est que la chasteté du célibataire, qui accepte de vivre cette continence, va l'amener à renoncer à un certain exercice de sa sexualité. Tandis que pour celui qui est marié, il ne s'agit pas pour lui de renoncer à l'exercice de cette sexualité mais de bien le vivre, en évitant les faux pas et en visant une certaine perfection. Il est plus difficile de bien vivre sa sexualité que d'y renoncer dans le célibat. Il est très difficile de vivre sa sexualité dans le mariage d'une manière vraie et heureuse.

Évidemment, si l'on pense que la sexualité, c'est le plaisir, on voit dans les autres des frustrés. Je pense que c'est pour cela que si cet agir vertueux est important pour toute personne et est finalement au service de sa liberté, dans certaines situations de vie, par exemple le mariage, certaines vertus comme la chasteté ont une force, une pertinence toute particulière. C'est un point sur lequel il y a un non-dit, un déni très important dans notre société et dans notre Église. C'est l'un des éléments importants de l'éducation familiale, scolaire, un élément d'accompagnement dans la vie des jeunes adultes, et une clé par rapport au mariage.

Seulement en ce moment, c'est le silence radio. On se pose des questions pour savoir si le fait que deux homosexuels se marient est bien ou mal, ou bien l'on se demande si le fait d'avoir avorté pour la quatrième fois à dix-huit ans pose un problème quelconque. Je suis d'accord pour penser qu'il faut dire quelque chose là-dessus, mais de toute façon, tous, même ceux qui demandent l'élargissement des lois, savent très bien ce qu'ils demandent. On peut toujours dire que c'est très mal ou que c'est très bien, ça ne changera rien, tout le monde sait. La clé n'est pas d'abord de faire de grands cours de législation nouvelle ou d'anthropologie, mais de retrouver ce que l'on a presque entièrement perdu, et un certain nombre de données de base de l'exercice de la liberté, autrement dit de la vie morale.

Comme les évêques n'écrivent pas de texte sur la chasteté, du moins pour l'instant, mais les temps peuvent changer, il faut donner des points de repères, car de fait, il y a un vrai problème. Une fois que vous vous êtes planté dans le domaine de la chasteté à partir de 15-20 ans, bien planté, vous n'aurez que quelques années pour retrouver ce chemin. Il sera bien tard pour se marier.

Une révolution culturelle !

Il y a tout un aspect de la nuptialité concrète des bonnes gens, des Français et des Françaises, qui est lié à cela. Ce n'est pas facile de passer du régime captatif où je cherche à me faire plaisir avec le copain de service, au régime oblatif où je m'oublie d'abord moi-même pour vivre la joie de communiquer la joie et le plaisir à l'autre. Ce n'est pas évident d'avancer sur ce chemin de bonheur et dans ce témoignage d'amour. Cela devient une tout autre culture. Sans compter tout ce que nos fantasmes nous amènent, c'est-à-dire que l'on n'a pas trente-six mille gestes : quand vous avez répété tel geste dans un contexte captatif, de recherche de plaisir, ce n'est pas facile de passer au même geste qui devient oblatif, amour exprimé. Et comme les gestes marquent beaucoup, la mémoire des gestes étant très forte, c'est particulièrement difficile. C'est pour cela que cette opération est une véritable révolution culturelle à vivre.

CHAPITRE 4

LES MÉTHODES (SUR)NATURELLES

Il y a un autre repère que l'Église nous donne par rapport à la maîtrise non plus de la sexualité, mais de la fécondité, et qui a été formulé d'une manière nouvelle depuis une trentaine d'années. C'est un problème corrélatif dans le couple, mais il vient secondement, car il suppose déjà qu'il y ait un couple, que ce couple ait un vrai projet de vie, qu'il soit déjà un peu solide, qu'il envisage ou qu'il mette en œuvre ce qu'il a envisagé sur le plan de la fécondité, c'est-à-dire la fondation d'une famille. Et puis voilà que surviennent un certain nombre de données de l'Église qui dit : « Attention, au niveau de la maîtrise de la fécondité, tous les moyens ne sont pas égaux, ne sont pas aussi valables. Ça peut être techniquement très intéressant, mais du point de vue de la validation morale, de l'évaluation éthique, il y a un problème. »

Si l'on n'a pas un minimum de maîtrise de la sexualité, je pense qu'il est presque impossible d'entrer sérieusement dans l'examen de la maîtrise de la fécondité. Il faut au minimum la maîtrise, ou du moins envisager les choses positivement ; il faut s'être donné des repères, des moyens pour avancer. Là se pose la question de la maîtrise de la fécondité. Chronologiquement, les problèmes se posent presque en même temps. Quand des petits couples charmants viennent me voir en disant : « Mon Père, on s'aime, on va se marier, on veut faire ce que dit le pape, c'est-à-dire l'utilisation de méthodes naturelles dans la maîtrise de la fécondité » – elles sont plutôt surnaturelles en fait ! – je leur dis : « Bravo ! Je vous bénis ! Mais il faut les connaître ! » Je leur parle donc des méthodes naturelles.

Sur la méthode Billings[1] par exemple, je peux vous donner les enjeux éthiques, mais pas la technique, parce que ce n'est pas mon rôle, et puis ça m'énerve tous ces diagrammes, chacun son boulot ! Et puis, je veux bien vous expliquer, mais il y a un tout petit problème : la mise en place de la méthode Billings, sauf accélérateur du cycle féminin, ça prend plus de quinze jours ! Ça prend des mois, ce n'est pas au moment où l'on va se marier qu'il faut se poser la question des moyens qu'on va mettre au service de la maîtrise de la fécondité. Vous avez parfaitement le droit de dire au moment de votre mariage que vous souhaitez des enfants très vite ou que vous préférez attendre deux ans pour toutes sortes de raisons tout à fait légitimes, mais dans ce dernier cas, vous avez tout intérêt à vous préparer plusieurs mois à l'avance.

Ce que propose l'Église

L'Église ne s'est jamais penchée sur le nombre d'enfants qu'il fallait avoir dans un couple de manière optimale. Le seul couple qui est présenté comme modèle de famille n'est pas présenté comme modèle sur le plan du nombre d'enfants : c'est la Sainte Famille. Jésus est fils unique ! C'est vous qui, ensemble, en fonction de certains critères très humains, culturels, de vos possibilités concrètes, de votre âge, déterminez les choses. Vous choisissez. Vous pouvez dire : « Nous

1. Voir René et Marie Sentis, *Guide Totus de l'amour et de la fécondité*, Sarment/Éditions du Jubilé, Paris, 2004.

sommes très jeunes, nous ne nous sentons pas très mûrs, nous voulons des enfants mais plus tard. » Cela veut dire que d'emblée va se poser la question d'un certain mode d'agir en vue de cette maîtrise de la fécondité. Il faut se poser la question assez tôt. Là encore, ce que dit l'Église sur l'exclusion d'un certain nombre de moyens mécaniques ou chimiques pour la maîtrise de la fécondité entre en jeu.

En 1968, la parution de l'encyclique *Humanae vitae* a provoqué un tollé général. Paul VI a écrit une encyclique sur un sujet grave. Il s'est tellement fait invectiver, y compris par des chrétiens, qu'il a dit : « Je n'écrirai plus d'encyclique ! » Il a fallu attendre Jean-Paul II pour en voir d'autres. Aujourd'hui, la situation est beaucoup plus apaisée. Beaucoup de gens en 1968 – et aujourd'hui encore – évaluaient ce que dit le pape à partir de critères d'efficacité, de coût, de facilité, d'ordre. L'Église quant à elle a essayé d'évaluer sur le plan spirituel ou moral les conséquences de tel ou tel comportement. Or elle dit d'une part qu'il y a des comportements sans doute nuisibles, non pas de manière évidente, mais plus profonde, et c'est pour cela qu'elle les dénonce. D'autre part, elle reconnaît volontiers qu'il y a aussi des comportements, des moyens qui peuvent être bons, et c'est pour cela qu'elle les recommande.

Il faut savoir que l'Organisation Mondiale de la Santé (OMS) finance des programmes de diffusion des méthodes naturelles en Afrique noire parce que ça marche là-bas, que c'est moins cher dans le contexte africain, et parce que la pilule, ça ne marchait pas toujours : la dame prenait, la dame ne prenait pas... Les critères de l'OMS ne sont pas des critères éthiques, pour suivre le Pape, mais cette organisation a estimé qu'on arrive mieux à mettre en place les programmes de planning familial avec ces moyens-là qu'avec d'autres.

L'Église réfléchit donc non seulement sur l'efficacité, mais sur une efficacité élargie. L'Esprit Saint a suggéré à Paul VI de dénoncer un certain nombre de moyens – on n'a rien contre la chimie moderne – ou d'en favoriser d'autres parce qu'il y a un ensemble de critères – tous ne sont pas d'emblée convergents – qui poussent à voir, à constater qu'il y a des pièges.

Privilégier le dialogue

Par exemple, l'Église constate que tout moyen qui va faciliter et rendre incontournable le dialogue dans le couple sur l'exercice de la sexualité, au service de la fécondité selon le projet du couple, est un meilleur moyen. Tout moyen qui risque de court-circuiter le dialogue est un non-moyen, c'est un piège.

Si vous prenez les méthodes naturelles, il y a intérêt à ce qu'il y ait un dialogue quotidien dans le couple, parce que si vous dites : « Chérie, tu t'occupes de Billings », et que tout à coup le diagramme vous dit feu vert ou feu rouge, vous pouvez dire : « Je m'en moque du diagramme ! » Là, il faut un dialogue quotidien. Ce n'est pas un seul qui porte cela mais ce sont deux qui en font le choix et qui le vivent au quotidien : ça peut être heureux ou moins heureux, plus difficile à certains moments, mais on le vit au quotidien. On est sûr. Vous me direz que ce n'est pas pour autant qu'il y a un dialogue, mais enfin, c'est utile quand même. L'Église a jugé aussi par Paul VI que toute méthode qui aboutissait à un amour vrai de l'autre, qui implique une connaissance de l'autre, y compris dans sa physiologie, était légitime. Or, quand je dis à ma femme chérie que je me moque de son diagramme, il y a un problème.

Le diagramme n'est pas remboursé, alors photocopiez-le et ne laissez pas l'original dans le photocopieur ! « Mais quand même, pensent certains, le cycle féminin, c'est complètement "casse-pieds" ! Si au moins on pouvait l'arrêter, ou le régler plus ou moins vite, plus ou moins fort ! » Mais il est rare que l'on dise cela à son conjoint. On dit : « Tu es nulle, ta physiologie, c'est nul ! On se demande pourquoi toutes les femmes ne sont pas des hommes ! » Ça compliquerait le problème pourtant, je vous assure ! Toute méthode qui finit par dire : « Non, c'est nul, on va supprimer ça, ce n'est pas difficile, une petite pilule pendant quelques semaines ou quelques mois », c'est mauvais, car quand j'aime quelqu'un, je n'aime pas seulement ses yeux ou ses cheveux, j'aime tout ce qu'il est, tout ce que Dieu me donne. Il est à prendre ou à laisser. On ne prend pas un morceau ! « Tiens, je prends ta tête qui n'est pas mal, mais le reste, non ! » On aime aussi la physiologie de l'autre, cet autre si différent et si complémentaire qu'est l'homme pour la femme et la femme pour l'homme.

Psychologie et cycle

Paul VI, inspiré par l'Esprit Saint, a jugé qu'un moyen qui impliquait la connaissance et donc finalement de reconnaître, voire peut-être d'apprécier l'autre dans tout ce qu'il est, y compris la biologie de la femme dans son cycle, serait meilleur. Il est vrai que la pilule est efficace, mais pour des raisons éthiques, ce n'est pas ce qu'il faut concrètement. Ce que je vous dis n'est pas médical, mais de fait, c'est fondamental, d'autant plus qu'il paraît que la psychologie suit en partie la physiologie. C'est comme les lunatiques qui sont sensibles à la Lune, aux océans, aux vagues, aux marées. Eh bien oui, pourquoi ne serait-on pas sensible au niveau psychologique à un certain cycle physiologique de notre vie ? Si vous suivez un minimum la physiologie, vous suivez la psychologie.

Il y a des travaux de psychanalyse très amusants. J'aime bien la psychanalyse ! C'est vrai qu'on en a fait parfois des usages un peu idiots au début, comme on fait avec un petit jouet tout neuf, mais finalement, je crois que ça fait du bien. Des travaux menés dans cette discipline montrent que ce qui éveille le désir au niveau de la sensibilité et même de la sensualité, et conduit à exprimer son amour, est lié entre l'homme et la femme au cycle. Autrement dit, il y a quelque chose qui vient nourrir notre désir.

Le pire, c'est quand on n'a plus envie d'aimer. Si l'on n'est pas sensible à ce qui éveille, quand vous supprimez un aspect, vous supprimez toutes sortes de choses qui vont avec. C'est vrai qu'on recompose ensuite les choses : on met tel ou tel vêtement, du rouge à lèvres… Aristote disait que tout cela n'était que du mensonge. Je n'ai pas dit qu'il fallait vous confesser si vous portez de fausses moustaches ! Mais pourquoi abîme-t-on tout un tas de choses que Dieu a voulues, que l'on reconstitue après parce qu'il faudrait pouvoir susciter le désir ou inviter à l'amour à n'importe quel moment ? Moyennant quoi, comme nous ne sommes pas cohérents à très, très long terme, ni très malins, nous en venons à la schizophrénie, parce que lorsqu'on est toujours en position de susciter le désir, on l'éteint, et il faut des incitations de plus en plus fortes. Avec un cycle, il y a un moment où l'on vit et il y a un moment où l'on se repose, il y a un moment où l'on fait et un moment où l'on renonce.

Si vous voulez vous aimer et grandir dans cet amour en le manifestant d'une manière qui soit heureuse, non pas dix fois, vingt fois ou cent fois, mais pendant cinquante ans et d'une manière qui évolue aussi, il faut éviter d'émousser le désir. Visez le long terme en visant une qualité plus grande aujourd'hui. Et au niveau du désir corrélatif, il faut faire naître une volonté d'exprimer son amour avec son corps au-delà de nos fatigues, de nos limites, de nos disputes, etc.

Un rythme pour « dire son amour »

C'est vous qui allez inventer ce rythme. Dieu a donné une horloge pour que ça puisse durer d'une manière heureuse. Je connais des couples qui ont eu beaucoup de difficultés avec ces questions de maîtrise de la fécondité et qui ont eu des enfants au moment où ils ne le souhaitaient pas, quand ils avaient des problèmes de logement, de travail, et qui ont décidé de prendre la pilule en faisant comme si, en construisant un diagramme théorique, et en disant : « Nous renonçons à certains types de rapports. » Mais ça ne tient pas, même s'il est vrai que pour certains couples ou certaines personnes, il y a des choses délicates.

Cela veut donc dire aussi proposer des projets, des repères par rapport à ce rythme. On ne peut pas dire « bonjour » dix fois dans la même journée, il y a un rythme quotidien. C'est pareil pour manifester son amour à son conjoint, y compris dans la dimension physique de l'amour humain.

Paul VI dit de bien repérer les moyens que l'on se donne au service de la fécondité. Cela vient aussi qualifier le rythme de cette expression de l'amour dans sa dimension physique. D'ailleurs, ce serait horrible qu'il puisse y avoir fécondité en dehors d'une situation où l'on exprime vraiment son amour. Un enfant doit être vraiment conçu dans un acte d'amour, pas seulement dans un rapport. Pour cela, il faut qu'il y ait un choix, et cet élan. Humainement, on ne peut pas avoir des élans tout le temps. Il faut choisir certains moments et, de là, un certain rythme. C'est comme la confession, il faut un rythme, c'est important. Dans un couple aussi, je pense qu'il peut y avoir un rythme pour dire son amour.

Il faut donc communiquer dans le couple. Beaucoup découvrent qu'en perdant tout rythme, ils perdent beaucoup plus que ce qu'ils pensaient gagner. Ils pensaient pouvoir faire ce qu'ils voulaient, comme ils voulaient, quand ils voulaient, que ça allait être beaucoup plus facile. Non, ils sont usés. Il faut en quelque sorte intégrer l'encyclique *Humanae Vitae* sans violence, savoir la vivre tous les jours.

Par exemple, le jour où, en période de fécondité, un couple ne veut pas avoir d'enfants pour diverses raisons, il ne faut pas aller raconter qu'on est comme frère et sœur. On n'est pas comme frère et sœur, on est mari et femme. Beaucoup de gens ne le savent pas, mais le mari et la femme peuvent exprimer leur amour d'une manière variée ! Il y a des degrés. Ce n'est pas parce que l'on est dans une période dite féconde et que l'on ne veut pas d'enfant à ce moment-là que l'on va renoncer pour « x » jours à exprimer son amour. On va apprendre à l'exprimer d'une manière différenciée, c'est assez subtil.

Si on n'a pas de maîtrise de sa sexualité, on n'en a pas de sa fécondité non plus. C'est naturel et même un peu surnaturel de maîtriser le désir. Il faut s'obliger à apprendre à vivre de manière différenciée et adapter l'expression de cet amour.

En vue du bonheur

Beaucoup de femmes prennent la pilule ou même ont recours à l'avortement. Un soir par exemple, le mari rentre du travail et raconte à sa femme : « La femme d'un de mes collègues a un problème, elle attend un gosse, elle est allée voir le médecin… » Beaucoup de catholiques eux-mêmes m'ont dit avoir vécu cela. Ils ont du mal à payer leur deux pièces, ils ont déjà quatre enfants, ils ont fait une erreur de diagramme…

Maîtriser la sexualité, c'est exprimer son amour en vérité et intégrer la maîtrise de la fécondité.

Je n'aime pas trop le qualificatif « naturel ». L'Église, y compris sur ce secteur mal compris, mal reçu, quand elle donne des repères par rapport à la sexualité dans le couple, manifeste le désir non pas de nous enfermer ou de nous frustrer, mais bien de nous inviter à l'avance et pour la vie à un chemin heureux.

Il y a un minimalisme ambiant. L'Église ne traite pas la question de la régulation des naissances ou de la contraception, ce n'est pas son problème. Elle traite de la paternité et de la maternité responsables : comment ensemble mettre en œuvre notre liberté par rapport à cette question de la fécondité ? Si nous écoutons les réponses à une question qui se situe à un niveau éthique et spirituel en la prenant pour une réponse technique à un problème démographique, évidemment, nous ne sommes pas satisfaits de la réponse. Il y a beaucoup de malentendus.

Voilà quelques réflexions que je vous livre pour montrer comment peut se concrétiser ce propos un peu général sur certains aspects des fondements de la morale catholique appliquée à la vie.

Il ne faut pas demander à l'Église autre chose que ce pour quoi l'Esprit Saint l'a conduite. Nous devons expliciter ce chemin du bien agir en vue du bonheur et d'une qualité de vie spirituelle. Le plus étonnant, et c'est même vraiment scandaleux, c'est qu'il a fallu attendre les années 1960-1970-1980 pour mettre au point ces méthodes. On a ennuyé les couples et les femmes sur ces questions pendant des siècles, et je pense que Dieu n'était pas content. Il a fallu un certain nombre de découvertes, de progrès, pour que l'on se donne enfin la peine de renouveler en profondeur et de façon décisive ces questions essentielles.

TROISIÈME PARTIE

JE PARTAGE ET JE TRANSMETS…

CHAPITRE 1

La famille, petite cellule sociale

Je voudrais donner quelques repères par rapport à la famille, un peu en aval de ce que nous avons dit. Jusqu'à présent, nous avons regardé la question du sacrement de mariage et l'outil qu'est notre liberté, outil au service de l'engagement en vue de ce mariage. En se mariant, on fonde potentiellement une famille. On n'y pense pas forcément d'emblée, et c'est la construction du couple qui retient notre attention ; ensuite, on passe à la famille. Seulement, il faut y penser suffisamment tôt parce que ce regard précis et objectif sur la vie du couple qui fonde une famille va aussi étayer, préciser, orienter la construction du couple qui se marie.

Je voudrais regrouper ces remarques sur la famille en fonction de deux de ses aspects : je désire évoquer d'abord la famille comme petite cellule de la société. C'est un niveau de réflexion humain, même s'il est éclairé par l'intelligence de la place de l'homme et de la famille dans la société que donnent la foi et la vision chrétienne du monde.

Ensuite, je voudrais vous proposer quelques réflexions sur la famille comme petite cellule d'Église, et là, c'est davantage notre foi qui est directement interrogée : s'il est vrai que, depuis toujours, on regarde la famille comme la première cellule de la société, on la regarde aussi depuis bien longtemps, même si on le dit davantage aujourd'hui, comme la première cellule de l'Église.

Si nous prenions les choses autrement, nous pourrions dire : quelles sont les tâches de la famille, et donc du couple qui fonde une famille, face à cette responsabilité de construire la société dans laquelle nous sommes insérés ? C'est ce que Jean-Paul II, dans son exhortation apostolique sur la famille, *Les tâches de la famille chrétienne*, a souhaité exposer. On peut distinguer deux séries de tâches, sous l'angle social et sous l'angle ecclésial. La famille va être un lieu tout à fait heureux et essentiel sur le plan social, une réalité dont on ne peut se passer, pour permettre à ceux qui sont dans cette famille, à commencer par les époux eux-mêmes, d'acquérir, de garder, de perfectionner un certain nombre de régulations fondamentales, de repères fondamentaux.

Un équilibre à atteindre

Pour vous donner quelques exemples précisant cela, prenons la fameuse triade des trois vœux religieux, des trois conseils évangéliques : pauvreté, chasteté, obéissance. Ces trois vœux correspondent à trois axes, trois repères essentiels.

Le vœu de pauvreté concerne la relation aux choses, aux biens de ce monde, à l'argent. Ce vœu correspond aussi à une certaine qualité de relation avec les personnes parce que, être pauvre en esprit, selon les Béatitudes, cela veut dire avoir une qualité de relation avec les autres, une relation chaste, qui consiste à ne pas prendre les autres mais à se donner à eux.

Comme cela a déjà été évoqué, le vœu de chasteté est lié à la tempérance et désigne une relation juste par rapport à notre corps.

Le vœu d'obéissance correspond au fait d'être à l'aise par rapport à l'exercice de la liberté et du pouvoir, des responsabilités que l'on peut avoir.

On pourrait présenter les choses autrement, mais la tradition la plus ancienne insiste sur ces trois aspects. Tout homme doit acquérir ces équilibres-là, ce qui demande du temps, la transmission d'un savoir-vivre, une vigilance pour le garder et le perfectionner selon les étapes de la vie. La famille est le lieu privilégié de cette acquisition, c'est évident, dans la mesure où, pour l'enfant, elle est fondamentale, quel que soit le meilleur des mondes auquel on puisse penser et sur lequel on puisse légiférer. La famille reste de manière évidente, pour celui qui n'est pas complètement tordu, le lieu de la transmission de la vie et de l'éducation à la vie. Il est clair que la qualité de l'environnement par rapport à la transmission de la vie et à la première éducation est tout à fait essentielle, même si nous ne sommes pas tous des pédagogues, théoriquement parlant, même si nous ne sommes pas forcément conscients qu'il faut transmettre ceci et cela. Ce sont bien les parents en effet qui vont transmettre, et l'enfant va d'emblée être bien ou non avec son corps, bien ou non dans sa liberté croissante, « faire ce que je veux, comme je veux, quand je veux », ou au contraire entrer dans un cheminement qui va épanouir sa liberté.

Un jour, on m'a envoyé un homme dans le cadre d'une retraite, et cet homme m'a dit : « J'ai un problème : je ne sais pas si je suis un homme ou si je suis une femme. » Il était très masculin, avec une voix grave, et je me suis dit : « Il se moque de moi ! » Je l'ai écouté quand même : c'était certainement un homme ! Mais il faut encore mettre les choses en œuvre. Sa mère voulait visiblement une fille, elle lui avait donné un prénom mixte mais utilisait la version féminine du prénom, et elle l'habillait comme une fille. Il s'habillait d'ailleurs en femme de temps en temps. C'est un cas exceptionnel ! Cela montre bien *a contrario* que la famille est bien le lieu de la première éducation et de l'éducation tout court, un lieu qui construit. Cet homme n'était pas construit. Il est passé par les pattes de psychothérapeutes, par l'hôpital psychiatrique. Ce fut un échec, car il nourrissait une certaine complicité avec son état. Il n'était pas heureux, et on le comprend. On n'est pas heureux si on n'a pas un minimum de relations vraies avec son corps.

À ce propos, j'ai vu des gens qui avaient déjà un bon niveau professionnel mais qui étaient au chômage. Au niveau de l'hygiène, ils n'avaient même pas les notions élémentaires, et j'avais envie de leur dire : « Faites un effort ! Prenez une douche ! Ça peut aider dans un entretien d'embauche ! »

Il faut beaucoup d'humilité dans l'éducation familiale. À des enfants de la DASS (Direction des affaires sanitaires et sociales) qui ont perdu leurs parents, on va tenter d'apprendre certaines choses, on va même essayer de recréer un milieu quasi familial, mais cela ne remplace cependant pas forcément à coup sûr les parents. Il est clair qu'une famille, même avec des moyens très limités, a des effets souvent plus forts qu'une structure administrative très remarquable.

La famille, lieu d'apprentissage

La famille est le lieu naturel et finalement le plus efficient pour acquérir un certain nombre de régulations, de savoir-vivre de base. Mais si, par exemple, je ne sais pas un minimum avoir cette relation aux biens, ne serait-ce que conserver les objets dont j'ai besoin pour ma vie et les ranger, ça va être difficile. Vous pouvez faire le portrait de quelqu'un en visitant sa chambre. Si vous voulez vous connaître en tant que fiancés, faites-le, pas à n'importe quelle heure évidemment ! Là, on comprend des choses assez drôles. On ne peut pas le faire dans un entretien d'embauche, mais c'est pourtant très révélateur.

C'est un apprentissage de base que le rapport aux biens, le rapport aux autres personnes dans une relation hiérarchique, etc. C'est essentiel, et aujourd'hui, il faut reconnaître un appauvrissement certain parce que nous n'avons plus de repères communs, consensuels, de sorte que les structures éducatives, par exemple les structures scolaires, ne transmettent plus ou très peu. Il y a toutes sortes de dérives. La famille peut pourtant faire cet apprentissage. Il ne s'agit pas simplement des efforts demandés aux enfants pour qu'ils entrent dans un moule. Il y a une orientation de nombreux éléments, une vision qui est construite, un parcours que je propose de faire vivre à l'enfant, mais en vue d'une libération, d'une découverte. Jean-Paul II disait dans un discours aux cardinaux au début du carême 1994 qu'il faut goûter la joie que procure le partage des biens. Il pensait à la famille comme lieu privilégié de ce partage.

À propos de la régulation par rapport aux biens, il faut dire clairement et fermement à l'enfant : « C'est le dessert de papa, tu ne le manges pas » ou « Tu ne prends pas le nounours de ta sœur. » Il y a aussi le partage actif, l'œuvre concrète de la solidarité, c'est-à-dire que dans une famille par exemple, quand la plus grande sœur est justement devenue assez grande, peut-être n'est-il pas nécessaire de racheter un nounours pour le petit frère ou la petite sœur. Du coup, on file le nounours de l'un à l'autre. Or un nounours, c'est très personnel ! Ou bien une veste, un cartable, un livre de classe, une table. Il y a un mode de partage. Et l'on peut dire : « La barbe, j'ai toujours les affaires de mon frère et de ma sœur ! »

Jean-Paul II disait qu'il faut apprendre à découvrir ou redécouvrir la joie immense que procure le partage des biens. C'est vrai que sur le moment, on se prive un peu, mais finalement, nous savons tous, pour l'avoir d'une manière ou d'une autre expérimenté, qu'il y a quelque chose d'heureux à cela, et que celui qui ne l'a jamais expérimenté, il lui manque quelque chose.

Comment va-t-on vivre le partage des biens ? À travers toutes sortes de choses. Tout cela paraît naturel, il y a des motifs forts pour le vivre, et finalement une joie corrélative. Ce sont des expériences fondamentales, positives, qui nous portent à intégrer dans notre vie des choses qui ne sont pas forcément faciles à acquérir, des repérages fondamentaux qui ne sont pas forcément évidents, mais qu'il s'agit d'apprendre à vivre, et la famille va être le lieu privilégié de cet apprentissage.

Je ne dis pas que c'est le lieu absolu, je suis d'accord pour dire qu'il peut y avoir des rattrapages ailleurs, mais vous voyez bien que, quand quelqu'un entre dans un monastère ou une communauté, s'il a eu une vie familiale un peu dense, ça facilite les choses. Sinon, il faut tout apprendre. Voyez les enfants qui ont une vie familiale peu dense, peut-être parce qu'ils sont enfant unique dans un couple recomposé ou je ne sais quoi, ce qui est malheureusement le cas de beaucoup d'enfants aujourd'hui, quand vous les voyez dans une cantine d'école, c'est impressionnant.

Je me souviens d'un éducateur qui, pour une retraite, était avec un groupe d'enfants très nombreux. Les enfants entraient en horde, en hurlant. Ils sont entrés, on les a fait ressortir, et ils n'ont pas compris pourquoi, aussi leur a-t-on expliqué. Ils sont entrés à nouveau, mais en rang, en ordre, calmement, et ils ont pris leur place. Il y a eu la bénédiction de la table. Ensuite, on leur a dit : « Vous vous servez, mais pas avec les mains, sans tout prendre. Il faut aussi attendre que tout le monde soit servi pour commencer » : ce fut le délire complet ! Il y en avait peut-être un sur dix ou un sur vingt qui disait : « Tiens, ici, c'est comme à la maison », ils avaient quelques notions !

Pour les chrétiens, être à table renvoie à une représentation beaucoup plus forte. Cela renvoie à une éducation à la vie éternelle. Il n'y a aucune chance qu'un enfant comprenne ce qui se passe à la messe s'il ne sait pas ce que c'est qu'un repas de fête.

Trop souvent, les enfants de maintenant ne prennent pas de repas : ils se servent dans le frigo et s'installent devant la télévision. Pourtant, cette réalité humaine a été jugée si importante par Dieu lui-même qu'il en a fait la base de la symbolique de l'Eucharistie et de la vie éternelle. Il faut un effort d'apprentissage, mais il y a des exemples très joyeux, comme le partage des biens, et le souvenir que l'on en a après. Vous voyez bien que cela implique toute une préparation, une intelligence des choses. Il faut une véritable culture familiale. Si vous mangez sur un coin de table, sans repas conjugal ou familial, les enfants feront de même, ils se lèveront, ou se mettront devant la télévision pour regarder le foot.

Quand nous avons perdu une joie fondamentale, que pas mal de choses se sont effondrées, il faut bien s'inventer un minimum de joies artificielles, sinon ça devient vraiment trop dur. Regardez ce qui s'est passé en France au moment de la Coupe du monde de football en 1998 ! Je vous suggère quand même de construire votre famille de telle manière que vous puissiez expérimenter des joies de base, des joies toutes simples, et les transmettre. Ça ne vous empêche pas de payer 4 000 euros au marché noir une place au stade de Saint-Denis, mais il me semble qu'il existe des choses plus fortes ! La famille va être ce lieu où l'on va transmettre un certain nombre de ces savoirs.

Un climat de confiance

L'exercice du pouvoir et l'obéissance sont très importants parce qu'il faut une conscience spéciale. Et pour pouvoir acquérir un repérage dans ce domaine, il faut être dans un climat de confiance. Or, notre monde est plutôt plongé dans un climat de soupçon. Nous sommes toujours tentés de soupçonner que le vendeur nous roule, que le chef nous écrase, que l'inspecteur des impôts nous floue. Toujours. Il est indispensable d'acquérir un réflexe et de goûter la joie de l'exercice de l'obéissance et de l'autorité dans un climat de confiance. Dans un climat de soupçon, nous allons éventuellement obtempérer parce qu'il y a une contrainte ou un pouvoir quelque peu dictatorial, une force, mais il n'y a pas la joie de l'obéissance.

Or il faut découvrir en quoi l'obéissance construit ma liberté. Pour pouvoir goûter cela, il faut qu'il y ait un climat de confiance. Dans l'ensemble, dans une famille, même en difficulté, il y a un minimum de climat de confiance entre les parents, et entre les parents et les enfants, climat qui permet cet apprentissage heureux, cette découverte positive de l'exercice de l'obéissance et de la liberté.

Si je considère que mes parents sont des cloches, je suis dans le soupçon. Heureusement, même dans des familles en difficulté, on n'en est pas souvent là. À l'école, il faut voir comment beaucoup d'élèves vivent ce climat d'exercice de l'autorité. Il y a des professeurs qui sont aimés, mais cependant, le climat est plutôt celui du soupçon, et la confiance n'est pas très grande. Il suffit que quelqu'un rate son examen parce qu'il est mauvais pour qu'il pense que les professeurs sont des incapables, les correcteurs des sadiques, et le système administratif une pyramide de nullité !

La croissance de la confiance dans la famille se fait pour une bonne part tout naturellement, tout simplement. Nous ne sommes pas là à nous poser la question de savoir si nous avons accompli la tâche 22bis !

Enfin, Dieu veut bien, avec sa grâce magnifique, qu'un dandy devienne un saint parce que l'Esprit Saint a envoyé une lumière formidable. Mais il ne veut pas en règle générale se substituer à la mise en œuvre, à la formation, à la croissance de toute la personnalité qui s'opère à travers les années d'éducation de vie.

Vous avez des gens qui, humainement, ne sont pas équilibrés et qui peuvent être des saints par la grâce de Dieu, et c'est tant mieux, bravo ! Vive le Seigneur ! Mais pour vivre heureux, il est bon aussi d'avoir une vie équilibrée. Cependant, cette technique du fondamental, quand on ne l'a pas acquise, même si on peut composer, n'est pas facile à maîtriser. La famille a une tâche tout à fait importante, parce que s'il n'y a pas ce fond d'équilibre, Dieu est obligé de toujours faire des miracles ! La manière habituelle selon laquelle Dieu travaille, ce n'est pas le miracle, qui est seulement une cause seconde. C'est très bien, lorsque l'on découvre la joie de vivre en chrétien, de faire un tel effort. Mais si nous n'avons pas de repères fondamentaux, nous ne pourrons mettre que des forces très imparfaites au service du Seigneur. Il faut avoir une bonne horloge intérieure et avoir un bon rapport avec les principaux paramètres de sa vie humaine, mais aussi spirituelle.

CHAPITRE 2

Transmettons la foi !

La famille est une petite cellule de la société, mais elle est aussi une petite cellule de l'Église. Le concile Vatican II aime bien revenir sur ce thème, et cela fait apparaître d'autres tâches plus spécifiques. Ici s'offre à des gens qui ne sont pas vraiment dans la vie de l'Église l'occasion d'un passage d'une vie humaine sans doute forte, riche, à une vie avec une dimension chrétienne, où l'on peut découvrir pleinement ce bonheur.

Je voudrais là aussi insister sur un certain nombre de données qui me paraissent importantes, qui sont peut-être plus évidentes par rapport à la dimension sociale et humaine, et que l'on a tendance à négliger, pensant que le don de Dieu va corriger tous nos loupés. Certes, le don de Dieu va nous permettre de vivre et d'atteindre la sainteté, le salut, même malgré nos ratés, mais cependant si nous nous coupons une jambe, Dieu va permettre que nous arrivions en claudiquant au Paradis, mais il ne refait pas à tous les coups la jambe !

Regardons maintenant comment la famille va offrir à chacun l'occasion de grandir humainement mais aussi spirituellement.

La famille, icône de la Révélation

Toute la Révélation chrétienne – c'est Dieu qui l'a voulu ainsi – s'établit à travers des concepts et des images tirés de la vie familiale, c'est-à-dire que si je ne comprends rien à la vie familiale, je risque d'avoir des difficultés à pénétrer dans la Révélation chrétienne.

La première prière que l'on apprend, c'est le *Notre Père*. Mais si papa, c'est celui qui fait pleurer maman… Pour certains, c'est très difficile ; imaginez que l'on dise à des petits : « Les enfants, nous allons parler à Dieu notre Père ! – C'est quoi, un père ? Moi, j'en ai deux, et aucun n'est mon père ! » Cela pose quelques problèmes ! C'est comme la femme de l'Évangile qui a eu cinq maris, et qui vit avec un homme qui justement n'est pas son mari. Cela ne facilite pas les choses ! Par ailleurs, l'Église est mère. Dieu aussi, dans la Bible, en particulier dans le Livre de Jérémie, est présenté comme une mère (et un père). On peut aussi dire que Jésus est notre frère. L'Église est une famille, elle est la mère Église.

Il faut absolument tenir compte de toutes ces données-là. Dieu est par rapport à son Église, par rapport à son peuple, comme le conjoint par rapport à son conjoint. Autrement dit, un certain nombre de concepts clés de la Révélation chrétienne en découlent. Celui qui est célibataire est aussi concerné, parce que lui aussi appartient à une famille. Mais pour celui qui a une expérience complètement négative des richesses clés de la vie familiale, l'image va être plus difficile…

Comme disait un Roumain emprisonné pour sa foi, libéré par intervention de la Croix-Rouge et livrant son témoignage : « En Occident, vous avez la liberté », mais il était très choqué par un certain nombre de choses, en particulier par le fait qu'on n'y parlait pas de l'Église comme de notre Sainte Mère, comme en Roumanie, mais bien plutôt comme d'une belle-mère !

C'est vrai que celui qui a une expérience un peu tordue de la vie familiale risque d'avoir aussi une expérience un peu tordue de la vie de l'Église et de la Révélation.

La vie familiale ne va pas être neutre non plus pour l'entrée dans le monde de la Révélation et dans celui de la vie chrétienne ecclésiale, et pas seulement individuelle. Il y a là une nouvelle tâche qui va se démultiplier, tâche bien sympathique d'ailleurs, et dont les bénéficiaires ne sont pas seulement les enfants, car les parents qui s'attellent à cette tâche vont en bénéficier en première ligne. Ils vont goûter à la joie de mieux entrer, de mieux comprendre, de mieux vivre vis-à-vis d'un Dieu qui est Père, mère, époux, frère.

La famille, petite cellule d'Église, est le lieu de fécondation, non seulement du tissu social humain, mais aussi du tissu social en tant qu'il est appelé à vivre de cette relation par rapport à Dieu en vue du Royaume.

Prier en famille... et en couple

La première tâche d'une famille chrétienne, c'est de prier, c'est-à-dire de vivre une communication, une communion entre la personne humaine et Dieu. Dans une famille, chacun prie, mais tous ne prient pas de la même façon. On prie en cohésion avec et par les autres ; le couple en particulier, en tant qu'il constitue le noyau dur de la cellule familiale, prie, mais chacun prie de façon personnelle. Cependant, il y a aussi une cohésion de la prière à l'intérieur du couple, et il faut réserver du temps à la prière conjugale. C'est quelque chose que vous pouvez mettre en œuvre déjà maintenant. Vous voyez que la vision chrétienne des choses anticipe beaucoup le mariage ! Si vous dites : « Nous prierons ensemble quand nous serons mariés », vous ne prierez sans doute jamais. Il est bon d'anticiper le désir de la prière conjugale par une prière pré-conjugale. C'est très simple à vivre !

Dans les familles chrétiennes, on fait prier les enfants. Mais si on le fait en s'exonérant de la prière, parce que c'est un poids, un ennui, les enfants ne sont pas idiots : ils vont bien comprendre que c'est une tâche qui leur est réservée. Ils doivent comprendre que c'est une richesse pour tous et que, à certains moments, papa et maman peuvent prier aussi tous les deux. C'est le noyau fort de la famille.

Il faut avoir l'humilité d'être assez précis, concis, modeste, vrai, respectueux de l'autre. Cela veut dire pour commencer que si vous voulez prier ensemble, tant que vous n'êtes pas mariés, ça ne va pas être si dur, parce que vous vous retrouvez. Vous pouvez lire l'*Évangile de saint Jean* et le prier par versets. Au bout du week-end, vous en aurez lu quelques chapitres. Ça vous laissera quelques bons souvenirs ! Vous pouvez faire autrement bien sûr, car il y a toutes sortes de manières possibles de prier ensemble.

Mais quand on est marié, il y a toutes sortes de choses concrètes qui s'accumulent, et on n'a plus le temps. « Tu te souviens, quand on lisait l'Évangile ensemble ? » Si on veut prier, il faut se donner une heure judicieuse, pour pouvoir **la fixer dans l'agenda** de manière régulière. On peut prier spécialement le dimanche. Mais le dimanche, on a souvent des kilomètres à faire en voiture, plein de visites, etc. Peut-être est-ce préférable un autre jour, peut-être est-ce plus approprié le matin, parce que vous vous levez tôt le matin précisément, ou le soir. Ou un jour le matin, un jour le soir… En tout cas, il faut fixer quelque chose et l'écrire dans l'agenda, sinon vous allez prendre à la place un rendez-vous de dentiste, sinon surtout, il n'y a plus d'heure. Écrivez « Prière » ou « J.-C. » sur le calendrier de la cuisine, lieu stratégique !

Il faut aussi **fixer une durée**, parce que tous les mardis à 19 h 30 par exemple, c'est parfait, mais jusqu'à quand ? Il faut fixer le moment où cela se termine, parce qu'on n'est pas obligé de mettre deux heures à chaque fois, mais si vous mettez deux minutes, c'est un peu court ! Vingt à trente minutes, cela me semble une durée tout à fait raisonnable. Vous savez quand ça commence et quand ça finit. Sinon, il y en a un qui entre en extase, et l'autre, au bout de deux heures, commence à en avoir assez ! « Bon, ça va bien, on pourrait peut-être dire le *Notre Père*, ça parachèverait ! » Pour la psychologie moyenne du priant, c'est bon de fixer une durée, surtout quand on veut bien prier mais que l'on n'est pas forcément moteur. Il faut savoir quand on commence, sinon on ne commence jamais, et savoir quand on finit, sinon on n'a plus envie de recommencer !

Il faut aussi **fixer un lieu**. Jusqu'à présent, vous aviez vos appartements respectifs avec un coin prière, ou bien vous alliez prier à l'église. Après le mariage, on est chez soi, et on ne peut pas tous avoir une chapelle. Dans les appartements parisiens, même chics, il n'y en a pas ! On se demande à quoi pensent les architectes : ils ne pensent pas à ça, et pourtant, il y a un marché ! Et il n'y a même pas une pièce que l'on peut transformer en chapelle ! En fait, souvent, quand on est jeunes mariés, on a un deux-pièces. On prie dans la cuisine, dans le séjour, à genoux devant la télé sur la moquette. S'il y a une éruption du Vésuve à ce moment-là, les archéologues se demanderont dans quelques siècles pourquoi ils ont retrouvé des gens à genoux devant leur télévision ! Vous pouvez aussi vous mettre près de la fenêtre, mais alors, les voisins vont vous voir : « Viens voir ! Je ne sais pas ce qu'ils font ! »

On peut tout simplement se mettre à genoux au pied du lit. Vous pouvez installer un petit coin prière. C'est très à la mode ! Un soir, vous invitez des amis à dîner et, après le repas, vous leur dites : « Voulez-vous prier ? » Il y a aussi cette famille qui avait installé une armoire chapelle : il y avait la Sainte

Vierge derrière la porte de droite, un crucifix derrière la porte de gauche, et au milieu des carnets de chants, des bougies, des icônes. Ce n'est pas bête. Il y a aussi ceux qui ont un tiroir chapelle. Le jour où Belle-maman ouvre le tiroir pour mettre la table, elle est un peu surprise ! Vous faites comme vous voulez, ou presque, parce que par exemple, avoir des statues grandeur nature, c'est un peu plus difficile ! Il faut aussi que vous ayez un lieu où vous rangez ce dont vous avez besoin pour prier, sinon vous en arriverez au « où est-ce qu'on a mis la Bible depuis le déménagement ? »

Une fois que l'on sait quand et où prier se pose la question de savoir **comment prier ?** Avec des chants, des textes ? Au bout de dix minutes, on se demande si on ne va pas commencer. Il faut structurer ce temps de prière : vous pouvez par exemple commencer par un chant à l'Esprit Saint, un *Je confesse à Dieu*, la lecture de l'Évangile du jour, avec un commentaire (« Allez, tu commentes ! »), un *Notre Père*, un chant, un temps de silence. On se positionne. On commence par s'adresser au Seigneur : « Seigneur, je t'aime. » Dans cette prière, il est bon aussi d'intégrer un acte pénitentiel.

Il faut des choses simples, parce que si à chaque fois vous devez construire une prière très sophistiquée, cela va vous fatiguer. Il faut aussi avoir un respect de l'autre, parce que quand on s'aime et qu'on se marie, on ne s'est pas d'abord forcément choisi sur la base de critères de qualité de vie spirituelle. Il y a des tas de choses qui jouent pour ce choix, mais c'est rare que l'on dise : « Est-ce que tu pries ? Mains jointes ou mains levées ? À genoux, debout, assis ? En parlant lentement ou en parlant vite ? » Cela peut créer de drôles de situations ! Il y en a qui prient le rosaire les mois impairs, d'autres qui préfèrent une prière spontanée, une prière de louange. Il faut exercer la complémentarité. Ce n'est parfois possible qu'au bout de vingt ans… En tout cas, il ne faut pas faire craquer son conjoint en raison de sa manière personnelle de prier.

La famille, berceau de la foi

Mais la petite cellule d'Église qu'est la famille n'est pas seulement le lieu où l'on prie, elle est aussi le premier lieu par excellence de la **transmission de la foi**. Quand vous vous mariez, vous vous engagez à donner une éducation chrétienne à vos enfants.

Le minimum du minimum, c'est d'envoyer ses enfants au catéchisme. Je me souviens qu'à la fin d'une cérémonie de confirmation, j'ai dénoncé le minimalisme des parents soi-disant chrétiens. On me disait : « Oh, vous avez fait une belle célébration, mais cinq ans de catéchisme, c'est quand même beaucoup trop, parce que de mon temps, c'était trois ans. » Mais transmettre la foi, ce n'est pas seulement trois ans ou cinq ans de catéchisme, c'est d'abord toute une formation, et pas seulement catéchétique ; ce n'est pas seulement la transmission de connaissances religieuses, c'est une vie chrétienne dans la foi. Et cela commence très jeune, tout de suite.

Il faut répondre aux questions des enfants. Pour cela, on peut se servir de choses aussi simples que les bonnes pages de vies de saints. Vivre heureux dans la foi consiste d'abord en une bonne intelligence de la foi. « Moi, j'ai la foi du charbonnier, c'est comme ça ! » Il ne faut pas se contenter de telles affirmations mais sans cesse affiner, entrer profondément dans l'intelligence de la foi. Si, par exemple, chaque année pendant les vacances, vous travaillez un article du *Credo*, du Décalogue, du *Pater* ou un sacrement, vous finirez par avoir une certaine intelligence de la foi.

Aux questions que les enfants posent, il faut donner des réponses justes. Quand on a fait un voyage, on se le raconte. De même, vous pouvez arriver et dire : « J'ai lu un traité absolument fabuleux sur la Sainte Trinité. » Vous faites là aussi un voyage, mais intérieur, au pays de la foi. Vous avez des photos intérieures de votre voyage au pays de la Trinité !

Dans certains cas, l'Église, dans sa dimension institutionnelle, n'est plus capable de fournir les instruments pour transmettre la foi, et si la famille ne fait plus son travail, il n'y aura plus rien. Aujourd'hui, il y a encore une pratique religieuse en France qui, dans certains cas, n'est plus liée qu'au souvenir que nos ancêtres avaient de cette pratique. Des gens disent : « Oui, je suis chrétien, je ne vais pas à l'église, mais ma grand-mère était très croyante » ; « Je me souviens que maman disait que sa grand-mère… » Dans la société française, il y a des zones entières qui sont dans cet état-là. Je m'entends parfois dire : « Bonjour, monsieur l'évêque ! Au fait, c'est quoi, un évêque ? » Si l'on se penche sur le cas de certains pays qui, pour diverses raisons, n'ont pas d'évêque, c'est la famille qui seule transmet la foi.

La famille est le **lieu du rassemblement**, le lieu où l'on apprend à être ensemble. Elle est une anticipation du rassemblement définitif par Dieu de tous ses enfants dispersés et enfin réunis dans la paix, la vérité, la joie et dont l'Église est le cœur. La famille est le lieu où l'on va goûter, apprendre le désir de construire cette qualité de réunion. Dans l'Ancien Testament, dans le livre d'Isaïe par exemple, le royaume de Dieu est imagé par un banquet. Sur sa haute montagne, le Seigneur va organiser un immense banquet. Il y aura des viandes grasses et des vins capiteux. La famille est le lieu par excellence où l'on est rassemblé, où l'on veut se rassembler.

La famille, cela prend du temps, et ça peut se vivre de mille façons. Tous les dimanches, on prend un repas ensemble, on joue… Elle est le lieu de la célébration de la fête. Chaque famille doit pour cela se mettre en marche. Je pense qu'il y a toute une catéchèse biblique sur l'attente du monde nouveau, du Royaume, relayée par une catéchèse sur l'Eucharistie, qui peut être introduite par une expérience familiale de la joie et de la fête, liée aussi au repas qui réunit. C'est très heureux, mais encore faut-il savoir la faire.

L'expérience du don de soi

L'Église est aussi ce **lieu où l'on se purifie**, et l'on accepte d'entrer dans cette purification que Dieu nous propose en vue de pouvoir le rencontrer dans toute sa richesse. Il y a une dimension pénitentielle, un dépouillement, un renoncement, pour se recentrer sur l'essentiel. Il y a toute une série de propositions dans la vie de l'Église qui nous exhortent justement à choisir la simplicité de Dieu comme Jésus le dit au jeune homme riche : « Si tu veux être parfait, vends tous tes biens, donne l'argent aux pauvres et suis-moi ! » c'est-à-dire « Simplifie-toi, dépouille-toi de tout ce matérialisme par accumulation ! » Nous, nous pensons que plus on en a, plus on sera heureux : un appartement sympathique avec une terrasse, un pavillon de chasse, pas très loin de Paris, et puis un accès à un bungalow au bord de la mer pour les vacances d'été, un chalet pour les vacances d'hiver, une voiture sur place en hiver, deux voitures à la maison, une collection de CD, des chaînes, plusieurs télévisions… Et pourtant, ceux qui ont « tout ce qu'il faut pour être heureux », comme ils sont malheureux ! L'Église nous dit : « Vous voulez être heureux ? Dépouillez-vous, de la télévision et du reste. » Il y a une stratégie de dépouillement. L'Église est le lieu où l'on apprend cela : c'est en étant le moins que l'on peut le plus, en se dépouillant que l'on s'enrichit. Il faut avoir les nerfs solides pour pouvoir choisir cela au départ.

Dans la famille aussi, le dépouillement est possible : comme parents, vous allez donner votre temps, votre jeunesse et même certaines possibilités matérielles auxquelles vous allez renoncer pour pouvoir faire grandir votre famille. Cela va tout changer. Il va falloir renoncer à certaines choses, renoncer à faire du ski parce que, quand on est enceinte de huit mois, on ne peut pas forcément faire du ski sur les pistes noires. Et puis, comme il faut accompagner madame, monsieur devra peut-être renoncer à faire du ski lui aussi ! On continuera cependant à faire des promenades en forêt avec les trois enfants : on en porte un dans un sac à dos, l'autre, on le pousse dans une poussette, et le troisième marche, mais à deux à l'heure, et encore, sur deux kilomètres seulement : en plus, il faut les préparer, les installer dans leurs sièges dans la voiture. Il faut mettre la voiture devant l'appartement car on ne peut pas emmener les enfants là où la voiture est garée, parce que c'est dangereux. Vous venez vous garer devant chez vous, mais toutes les trois minutes, il faut déplacer la voiture pour laisser passer ceux qui sont derrière. Sachant qu'il a fallu environ une heure pour s'équiper, et sachant aussi que l'on dispose d'une heure pour se rendre en forêt et du même temps pour rentrer, sur un total de cinq heures environ, on pourra faire, à deux kilomètres à l'heure, deux kilomètres à l'aller et deux au retour, et encore faut-il porter le troisième pour le retour ! Et je ne vous parle même pas des bouchons sur la route ! Alors autant aller au square d'à côté et s'asseoir sur les bancs auprès des grands-mères… C'est super d'être parents !

On fait tout pour ses enfants, et puis un jour, ils s'en vont. Ils reviennent parfois avec leur sac de linge sale… Pour les sacrifices, être parents, c'est une bonne école !

Le dépouillement est aussi opératoire par rapport à son conjoint : on l'aime, on donne sa vie pour lui, tout va bien, c'est merveilleux, on le reçoit en échange. Saint Paul dit : « Tout est au Christ et le Christ est à Dieu. » L'application concrète de cela, c'est que mon conjoint ne m'appartient pas. Il faut se méfier de l'amour trop possessif. Votre conjoint ne vous appartient pas, même s'il se donne à vous et même si vous vous donnez à lui. Vous êtes le serviteur privilégié de Dieu auprès de ce conjoint, pour amener ce conjoint à Dieu, et vous allez faire cela discrètement, avec beaucoup de délicatesse : « Ah, ma chérie ! Je suis le serviteur de Dieu : tu vas me faire le plaisir d'aller à la messe en semaine ! » Ce n'est pas ça. Mais un beau jour, on s'aperçoit que le conjoint et Dieu s'entendent très bien, que le conjoint est complètement en Dieu. Et vous dites : « Et moi ? Et moi alors ? ! »

On voit cela dans le diaconat permanent. On demande à madame Durand ce qu'elle en pense et si elle consent à ce que son mari devienne diacre : « Oui ! Oui ! » dit-elle folle d'enthousiasme ! Mais ensuite, il rentre le soir du travail et s'apprête à dire l'office : « Je ne te demande pas de le dire avec moi, d'abord parce que tu le dis mal, et en plus il faut que tu prépares le repas. » Le samedi matin, elle revient à la charge : « Tu viens avec moi faire les courses ? » Et lui répond : « Non, je vais à l'hôpital, parce que je suis aumônier d'hôpital. Mais je reviens ce soir... » Être l'épouse d'un diacre permanent, quel dépouillement !

QUATRIÈME PARTIE

LE MARIAGE, CHEMIN DE SAINTETÉ

CHAPITRE 1

Homme et femme

« Dieu dit : “Faisons l’Homme à notre image et à notre ressemblance.” … Dieu créa l’Homme à son image ; à l’image de Dieu il le créa ; Homme et Femme il les créa.[1] *»*

« Le Seigneur Dieu dit : “Il n’est pas bon que l’homme soit seul, je veux lui faire une aide semblable à lui.” Alors le Seigneur Dieu forma du sol toutes les bêtes sauvages et tous les oiseaux du ciel… L’homme donna des noms à tous les animaux… mais pour l’homme, il ne se trouva pas d’aide qui lui corresponde. Le Seigneur Dieu fit alors tomber sur l’homme un profond sommeil pour qu’il s’endorme, il prit une de ses côtes et referma la chair à sa place. Avec la côte qu’il avait prise à l’homme, le Seigneur Dieu fit une femme et il vint la présenter à l’homme. L’homme déclara : “Voici enfin l’os de mes os et la chair de ma chair, elle sera appelée femme parce qu’elle a été tirée de l’homme.” C’est pourquoi l’homme quitte son père et sa mère, il s’attache à sa femme et ils ne font plus qu’une seule chair.[2] *»*

Le mariage est le lieu privilégié pour faire l’expérience de la complémentarité entre l’homme et la femme. Ce n’est pas le seul. Mais c’est une expérience que l’on est en train de perdre, bien qu’elle soit vraiment une clé centrale au plan

---

1. Gn 1, 26-27.
2. Gn 2, 18-24.

psychologique et théologique. Il faut remonter à la Création. Quand Dieu crée le monde, il crée le ciel, la terre, les luminaires, qu'il installe avec un escabeau, les animaux, pas en peluche, de toutes tailles, il crée le long cou de la girafe, etc. Il y a quelques tentatives qui ne sont pas très suivies, comme le diplodocus ou le brontosaure : ils ne rentraient pas dans l'arche de Noé ! L'ensemble est assez réussi. Cependant, Adam n'est pas complètement content. Dieu dit qu'il n'est pas bon que l'homme soit seul, qu'il lui faut une aide assortie. Ici, quand on parle de l'homme, on parle à la fois de l'homme et de la femme, de la personne humaine. Il n'est donc pas bon que cette personne humaine soit seule. C'est pour cela que Dieu invente la femme. Dans le premier récit de la création, on nous dit que Dieu créa l'homme et la femme, *« Homme et Femme il les créa »*, ce qui n'est pas précisé pour les animaux. On ne dit pas mâle et femelle. On aurait pu aussi choisir une autre distinction, par exemple blanc et noir, ou encore gros et maigre, blond et brun, grand et petit, ou encore un certain nombre d'autres choses concrètes, mais Dieu dit : *« Homme et femme »*. Il y a là quelque chose de très important.

Dans le second récit de la création, le texte dit la même chose, autrement. Il n'est pas bon que la personne humaine soit seule, il lui faut une aide semblable. Adam est rempli de tristesse, Dieu le plonge dans un profond sommeil et, de sa côte, il tire la femme. Au réveil, il faut entendre le cri d'Adam : « Ah ! Enfin ! » C'est un véritable cri de libération de quelqu'un qui a cherché pendant très longtemps et qui enfin trouve celle qui lui correspond. Il la reconnaît du premier coup. « Enfin, je ne suis plus seul ! » Il a vraiment trouvé une aide qui lui est assortie. *« L'homme déclara : "Voici enfin l'os de mes os, la chair de ma chair, elle sera appelée femme parce qu'elle a été tirée de l'homme" »* (Gn 2, 23).

Il y a beaucoup de gens qui n'ont pas fait l'expérience du verset 23 du deuxième chapitre du livre de la Genèse. Il faut prendre conscience qu'il y a quelque chose qui est bloqué. Il faut une clé pour rendre cette chose disponible. L'homme est potentiellement, il a tout ce qu'il lui faut pour être heureux, mais il lui faut cet autre qui lui est semblable et en même temps différent pour pouvoir vivre pleinement ce qu'il est. Et de même l'autre, la femme, a besoin de cet autre, l'homme. C'est pour cela que l'on dit qu'il n'est pas bon que la personne humaine soit seule. Il faut qu'elle soit face à l'autre.

« *Voici enfin l'os de mes os et la chair de ma chair* »

Je prétends que le lieu emblématique et central de cette expérience du verset 23, c'est le mariage. Je ne veux pas dire que je ne fais pas cette expérience fondamentale si je ne suis pas marié, mais cela veut dire que j'ai besoin de la réalité du mariage bien vécu, par témoignage interposé, pour que je revive aussi, dans ma vie, ce témoignage du verset 23, même si c'est à travers des témoignages moins forts.

Nous en avons tous besoin, sinon, c'est comme un trésor scellé, un coffret fermé dont on n'aurait pas la clé. C'est terrible ! C'est comme si vous aviez la grâce qui vous sauve, la formule qui vous sauve, le médicament dont vous avez strictement besoin pour ne pas mourir, pour ne pas être définitivement paralysé spirituellement du cœur, mais vous n'avez pas la combinaison du coffre ! Vous cherchez toutes sortes de solutions, des pinces-monseigneur, etc. Mais rien n'y fait ! Et tout d'un coup, voilà, vous avez la solution ! Le verset 23 reflète quelque chose de semblable. Soit on a cette expérience pesante liée à une sorte de solitude, à un manque radical, vital, soit on est aveugle sur soi-même et on n'a même pas idée du bonheur qui pourrait être le nôtre. Le mariage est le lieu par excellence de cette expérience jusqu'au bout du verset 23.

Ceux qui ne se marient pas font cette expérience à travers le témoignage de leurs parents, de leurs amis, d'autres expériences dans la vie humaine où l'on découvre notamment que l'être qui nous est semblable et différent vient ouvrir, enlever ces scellés qui empêchaient d'être heureux. On peut aller jusqu'au bout des richesses qui sont en nous, mais par un chemin différent et, d'une certaine manière, le mariage, en tant que lieu par excellence où l'on fait l'expérience du verset 23 jusqu'au bout, est nécessaire dans la société. Dans le verset suivant, il est clair que Dieu pense au mariage : « *C'est pourquoi l'homme quitte son père et sa mère et s'attache à sa femme, et ils deviennent une seule chair.* » L'expérience du verset 23 se fait certes dans les relations interpersonnelles homme-femme, mais de façon centrale dans la rencontre en vue du mariage, et dans le mariage.

Cela veut dire également que la personne humaine qui fait cette expérience ne peut pas ne pas être profondément reconnaissante envers celui ou celle qui, concrètement, est pour lui l'occasion de vivre l'expérience du verset 23. Si j'avais été fiancé, j'aurais écrit à ma fiancée la carte suivante : « Chère fiancée, daigne me permettre de t'adresser ma plus vive reconnaissance pour cette occasion que tu me donnes de vivre l'expérience du verset 23. » Vous imaginez bien que la fiancée aurait répondu illico pour dire la même chose !

Si vous trouvez une expérience plus forte et plus profonde, signalez-le moi : cela m'intéresse pour ma prédication ! Et si vous ne vous êtes pas rendu compte qu'il y a là quelque chose de fondamental, faites quelque chose, une retraite par exemple !

Aujourd'hui, je sais que cela peut paraître curieux de le dire, parce que nous sommes dans un monde extrêmement triste qui est en train de perdre l'expérience du verset 23. Et comme nous avons déjà perdu pas mal de choses, nous sommes en train de faire quelque chose de grave, et je crois que c'est la première fois dans l'histoire de l'humanité que cela se vit comme ça.

L'éloge de la différence

Aujourd'hui, la société est en train de nier l'expérience du verset 23 parce qu'elle ne sait plus la vivre : « Non ! Je n'ai pas besoin de trouver l'autre qui m'est assorti et différent pour être heureux, je suis pleinement heureux moi-même avec moi-même. » Cela commence par une philosophie tordue qui veut sous-estimer ce que Dieu nous révèle, c'est-à-dire la différence entre l'homme et la femme, *« homme et femme il les créa »*. On veut, sous prétexte d'égalité par rapport à la dignité et au bonheur, faire disparaître cette réalité essentielle. On en est venu à vouloir taire une différence, parce que l'on pense que toute différence implique une inégalité et, en niant la différence, et notamment la différence homme-femme, on s'inscrit dans cette logique destructrice. Et quand on ne la nie pas ouvertement, on la sous-estime, ce qui revient à peu de choses près au même.

Mais si Dieu dit cela, je crois au contraire que c'est très intéressant. Il le dit deux fois de suite. Je n'ai pas la clé de mon bonheur en moi-même, c'est l'autre qui a la clé de mon bonheur. Il y a à la fois différence et complémentarité entre l'homme et la femme. Dans une société qui atténue toutes les différences entre les personnes humaines, d'une manière souvent philosophiquement infondée et un peu folle, mais puissante tout de même, on en est venu depuis quelques décennies à vouloir atténuer la différence homme-femme, au point qu'aujourd'hui faire machine arrière serait une énormité.

De fait, quand on regarde l'histoire des idées, on souhaite que les hommes et les femmes puissent parler, agir, travailler de la même façon. On instaure des quotas. Il y a beaucoup de gens qui s'émeuvent de cela. C'est relativement récent. On trouve peu de gens pour penser qu'il faut réfléchir et déterminer qu'il faut un chemin d'éducation différenciée pour les hommes et pour les femmes.

Au bout d'un moment, si l'on va au bout de cette logique, on risque de perdre complètement l'idée de l'expérience du verset 23, et l'on pensera que l'on peut être heureux, heureux impliquant ici d'être deux, avec ou sans la différence.

Je pense que les homosexuels, militants ou non, vivent un grand malheur parce qu'ils n'ont pas fait l'expérience du verset 23. J'en reçois dans mon bureau. Quand je leur explique cela, ils pleurent, car c'est horrible de prendre conscience qu'il y a une chose essentielle qui nous est inaccessible, parce qu'on est comme cela, parce que psychologiquement, psychiquement, qu'on l'ait cherché ou pas, c'est comme ça. Ça me fait penser au type dont on coupe les jambes et dont le bonheur est de faire de la bicyclette : c'est dur à vivre !

Je comprends bien que l'on cherche à minimiser un malheur, que l'on veuille atténuer la souffrance de ceux qui vivent un malheur. Mais je comprends bien aussi que c'est assez scélérat de laisser courir les choses en oubliant un point essentiel du bonheur. Mais si ceux qui vivent ce bonheur ne témoignent pas de sa richesse, si les couples se limitent à un petit bonheur – on se dispute normalement au bout de cinq ans, on vit en parallèle au bout de dix ans –, évidemment on vous dit : « Votre modèle de bonheur, ce n'est pas très intéressant », et on cherche d'autres modèles. On continue à dire : « *Homme et Femme il les créa* », c'est vrai, mais ce n'est pas si important que ça. À la limite, c'est du « bourrage de crâne ».

L'homme est créé « à l'image et à la ressemblance » de Dieu : qu'est-ce qui est central dans la vie de Dieu ? Qu'il soit gros, mince, grand, petit ? Non ! Cela veut dire que l'on a accès à sa vie spirituelle, lui qui est un seul Dieu en trois personnes, personnes entre lesquelles il y a une cohésion telle, une différenciation fondamentale telle, une communication telle, une communion entre le Père et le Fils si forte, que cet échange d'amour suscite la personne de l'Esprit Saint qui est cet amour échangé. L'homme seul est donc une image qui n'est pas encore sortie de Dieu parce qu'il ne peut pas vivre à la fois cette unité et cette différenciation qui provoquent la communion.

L'homme et la femme ne seront qu'une seule chair, mais en même temps, ils sont différents ; ce n'est pas une fusion, ce qui serait amusant d'ailleurs, imaginez le résultat, avec un être qui aurait les cheveux de la femme, les bras de l'homme ! On reste différent, distinct, et il y a un enrichissement, ainsi que l'expérience d'une communion dans l'unité vers laquelle on tend en vivant un mode excellent et total de communion.

Si, dans la Genèse, cette expérience avec sa conséquence – l'unité homme-femme dans le couple humain marié – est effectivement un sommet dans le projet de Dieu sur nous (il nous communique sa vie), alors, si nous nous privons de ce sommet ou si nous n'en vivons pas bien, c'est le plus grand malheur qui soit. Et nous sommes, en Occident, dans un monde qui joue là intellectuellement un jeu dangereux. Si nous ne témoignons pas, à travers ceux qui le vivent encore, de la valorisation de ces versets, de notre expérience personnelle heureuse, même si c'est à travers tout un cheminement ; si nous ne témoignons pas de la richesse de cette expérience du verset 23, nous sommes complices – car on laisse faire – de cette sorte de suicide collectif, et nous ne répondons pas non plus à notre vocation qui, à travers notre expérience personnelle de deux personnes dans le mariage, est un témoignage constituant, construisant cette société et cette cellule d'Église.

Pleinement homme et pleinement femme

Si de fait, ce que je dis est vrai et même assez essentiel sur le plan de l'anthropologie biblique, sur le plan de l'expérience de l'homme devant Dieu créateur, il faut en tirer quelques conséquences. Il faut se construire pleinement comme masculin ou comme féminin pour pouvoir vivre pleinement ce que l'on est et ce que l'on est appelé à être par le projet divin, et pouvoir permettre à l'autre de vivre pleinement le projet d'excellence du verset 23.

Si je suis à moitié homme et pas très homme, à moitié femme et pas très femme, mon conjoint, quand il se réveille, tombe de haut !

Comme toute réalité humaine, notre masculinité ou notre féminité est excellente, mais elle est à construire. Bien sûr, globalement, physiquement, nous sommes l'un ou l'autre, mais si, à travers mon éducation, je ne me construis pas comme homme ou comme femme, je deviens une « sorte de truc ». L'homosexualité, du moins l'homophilie, découle pour une large part d'une première éducation ou d'une éducation ultérieure qui n'a pas rempli son rôle sur un point essentiel, ou qui a inséré un élément tordu par rapport à cet aspect essentiel. Sans tomber dans les situations douloureuses et même pathologiques sur le plan psychique, il y a toutes les nuances entre celui qui est pleinement façonné et celui qui ne l'est pas.

La construction de la personnalité peut être totalement hachée sur ce point comme sur d'autres. Mais si je veux complètement goûter la joie de l'expérience du verset 23, il faut aller jusqu'au bout de ce à quoi Dieu m'appelle. Il n'appelle pas forcément tout à fait à la même chose si je suis femme ou si je suis homme. Après, on peut se lancer dans la psychologie différenciée de l'homme et de la femme dans le couple, dans la définition des tâches qui sont pour l'un ou l'autre. Si nous avions beaucoup de finesse, de psychologie, d'anthropologie biblique, nous devrions pouvoir déterminer quelques pistes ou les voies sans issue, ce qui aiderait au discernement.

Mais si nous ne voulons pas aller jusqu'au bout de cette réflexion-là, nous trouverons toujours douloureux, étrange, ou nous ne comprendrons pas pourquoi il y a des hommes qui sont appelés à être prêtres et des femmes qui le feraient très bien mais qui n'y sont pas appelées.

Comme actuellement beaucoup de questions se posent à ce sujet, on s'interdit de comprendre le pourquoi. En France, il y a une chose très amusante, à savoir une loi pour dire qu'il est anticonstitutionnel d'établir des différences et de favoriser les différences entre les sexes. C'est logique, car on ne s'attache plus à ce que Dieu dit, mais à ce que l'homme dit, parce que l'on a enlevé ces versets comme n'étant pas pertinents. Il faut retrouver le témoignage vivant de l'expérience du verset 23, verset qui est décisif pour devenir des hommes et des femmes rayonnants, heureux, épanouis. C'est l'une des clés de l'amour. Il faudrait passer des nuits blanches à en méditer la splendeur. Il faut aussi aller voir le verset 27 du chapitre 1 pour comprendre le verset 23 du chapitre 2, cela fait partie des subtilités bibliques ! Il y a là une grande cause, une véritable bombe à retardement.

Une complémentarité joyeuse

J'ai fait plusieurs fois cette expérience du verset 23. Je ne peux pas m'en passer ! Les gens ne comprennent pas du tout ce que veut dire le renoncement au mariage. Il faut lire le verset 27 du chapitre 1 de la Genèse. Ce n'est pas parce que l'on est trop occupé, qu'on n'aime pas le sexe opposé, qu'on a peur du mariage, qu'on n'a pas envie d'enfants, mais c'est tout autre chose. Il s'agit d'une consécration, d'un témoignage. Le Christ a fait ce témoignage. Il connaît bien le verset 23 et ne s'est pas marié. Il a renoncé à une joie excellente pour attirer notre attention sur elle. Je ne renonce pas à quelque chose parce que je la méprise, mais parce que je valorise ce à quoi je renonce, pour mieux manifester que c'est important.

Évidemment, celui qui ne fait pas quelque peu l'expérience du verset 23 ne peut pas renoncer au mariage, car il n'est pas mûr pour cela. Il renonce simplement à ce qu'il ne connaît pas, à savoir la reconnaissance de l'autre en tant qu'autre qui apporte un complément.

Il y a des manières très différentes de vivre ce renoncement au mariage, différents types d'expériences du verset 23. Si vous êtes célibataire et que vous avez construit votre vie comme ça, c'est très différent d'un célibat consacré qui a été choisi très tôt comme tel en vue d'une consécration. Mais si vous êtes célibataire dans un monastère, dans un cloître fermé, où il n'y a que des hommes ou que des femmes, c'est encore autre chose. Car c'est une chose de ne pas être marié, c'en est une autre de vivre dans un cadre complètement masculin ou féminin. Le célibat sacerdotal du prêtre qui travaille en paroisse avec beaucoup de femmes, ce n'est pas tout à fait la même chose que le moine qui choisit une vie en communauté, car le moine vit encore autre chose, il ne voit quasiment jamais le visage d'une femme.

À travers la formule « *Homme et Femme il les créa* », il s'agit de construire pleinement la joie, l'aptitude à vivre pleinement d'une manière heureuse cette expérience de la complémentarité du même, qui nous est semblable et différent, en étant pleinement ce que nous sommes appelés à être, homme et femme. Par conséquent, il faut donner une éducation différenciée aux enfants pour qu'ils puissent à leur tour faire l'expérience joyeuse du verset 23. Ce serait mieux de discuter du verset 23 en CM2 que de bien d'autres choses parfois, que de la reproduction humaine par exemple, car ce verset est bien plus passionnant ! Les enfants découvrent que papa et maman ont fait une expérience fondamentale, quelque peu divine !

Marie et Joseph, mariés, font au maximum l'expérience du verset 23. Marie est la femme, Joseph l'homme. Ils vivent une expérience fondamentale sans laquelle les autres expériences ne prennent pas leur signification, leur place. Cela veut dire que dans le couple humain marié, il y a une reconnaissance de l'un par rapport à l'autre, pas seulement parce que tout à coup je cherchais un mari et que je l'ai trouvé, mais parce que c'est ce conjoint qui va me permettre de vivre cette expérience fondamentale, malgré les difficultés, les disputes.

Il faut passer de l'expérience d'une rencontre heureuse à travers des éléments sensibles qui sont tout à fait légitimes pour aller jusqu'aux racines de cette joie sensible. Tout le reste a été réécrit, mais la citation d'Adam est restée telle quelle. Son cri, c'est un peu comme celui de ces savants qui regardent la fusée Ariane s'envoler. « C'est parti ! » Ils se lâchent, et je le comprends bien. Mais il s'agit ici de bien plus que du lancement d'une fusée...

Je voudrais ajouter ici une *Nota brevis* essentielle. On ne peut pas cacher les chemins du bonheur. Beaucoup de gens qui souffrent sont révoltés, ils ne veulent pas écouter, et même ils ne veulent pas que l'on vive ce bonheur. Ils dénient toute signification à cette expérience. Les choses sont toujours très chargées émotionnellement lorsque l'on parle de la place de la femme ou de l'homme dans l'Église. Nous sommes porteurs d'un trésor que nous ne pouvons pas garder pour nous seuls : partageons-le !

CHAPITRE 2

La prière, intimité de cœur

Je voudrais maintenant compléter ces réflexions par quelques petites remarques qui ne touchent pas directement le couple humain dans le mariage, mais qu'il peut être important de connaître à l'occasion d'une préparation à ce grand engagement. Cette préparation nous met en effet dans une situation d'ouverture de cœur qui permet une conversion.

« Un commerce intime d'amitié »

Il faut en premier lieu évoquer la prière et son contenu. Il y a là une accointance toute particulière avec l'expérience de la communion et de la relation nouvelle que l'on veut découvrir dans la vie conjugale. La prière n'est pas seulement un lieu où peut s'exprimer une conversion à l'occasion d'éléments forts de notre vie. C'est aussi une expérience plus facile à vivre, ou à revivre, lorsque l'on vit en même temps cette nouveauté de la qualité de la relation conjugale lors de la préparation au mariage.

Commentons la définition de l'oraison donnée par sainte Thérèse d'Avila à son directeur spirituel qui lui demandait de décrire sa vie spirituelle. Elle écrit : « L'oraison mentale n'est à mon avis qu'un commerce intime d'amitié où l'on s'entretient souvent seul à seul avec ce Dieu dont on se sait aimé. » Voyez cette manière de dire ce qu'est la prière. Non pas tel mode de prière, seul, en communauté, vocale, mentale, de demande, d'action de grâce. Non, elle ne commence pas par cela.

Qu'est-ce que l'expérience de la prière au cœur de ma vie spirituelle en marche ? Un commerce intime d'amitié, un « admirable » commerce. Un bon commerçant, c'est quelqu'un qui sait construire et garder un ensemble de relations suivies qui portent sur la fourniture de biens ou de services. Ici, les relations sont entretenues avec Dieu lui-même. Ce commerce est intime, et non pas superficiel. Il ne s'agit pas de dire : « Comment ça va ? Hier, on a gagné le match ! », mais il faut aller au plus profond de nous-mêmes.

Un échange cœur à cœur

Le texte évoque l'amitié. Certains ne conçoivent la prière que comme la réception d'un service de Dieu. On pourrait la traduire par : « Peux-tu passer un examen pour moi ? J'ai trop bu, peux-tu prendre le volant ? Je ne sais pas faire face à un événement douloureux, pourrais-tu l'éloigner ? » Bref, on demande une prestation à Dieu.

Thérèse d'Avila dit que l'on peut demander des choses à Dieu dans la prière, mais qu'elle est avant tout un commerce d'amitié, un échange cœur à cœur. Il y a une idée d'égalité. Nous ne sommes pas un esclave apeuré devant un tyran satisfait de lui. La prière est bien plutôt un échange d'ami à ami, dans l'intimité.

À la limite, cette définition de la prière suffirait. Thérèse d'Avila ajoute : « où l'on s'entretient ». Dans la prière, on ne fait pas de grands discours. Comme le disait un paysan d'Ars à son curé, parlant de sa prière, de son dialogue avec Dieu : « Je l'avise et il m'avise ». Je l'aime, il m'aime.

« Souvent » précise sainte Thérèse : il faut prier un peu plus qu'une fois par an ! Il n'y a pas de durée indiquée, car c'est variable selon l'âge, la situation, les circonstances de votre vie actuelle. Il y a des gens qui prient « x » fois par jour, pas très longtemps, tandis que d'autres prient trois heures chaque jour.

« Seul à seul. » Même à Longchamp, dans la foule des JMJ en 1997, sinon, vous n'êtes pas dans la prière. Même dans une communauté, communauté qui nous porte et nous aide dans ce cœur à cœur. « À des amants il faut la solitude, un seul à seul qui dure jour et nuit » dit Thérèse de Lisieux. C'est ce à quoi l'on tend. Les fiancés doivent faire de la place pour pouvoir vivre cela.

« Souvent. » Il arrive que des fiancés ne se voient pas souvent : on s'appelle au téléphone, on envoie des fax, des pigeons voyageurs... Vivre cette expérience dans le couple humain qui s'aime, c'est comprendre les exigences de la prière, comprendre comment se situe la relation de l'homme croyant par rapport à son Dieu et à son amour. Et humainement, c'est comprendre ce commerce intime d'amitié avec celui ou celle que l'on aime. Tant que l'on ne sait pas que l'on est aimé de Dieu, il manque l'essentiel.

Beaucoup de gens pensent prier, mais en fait, ils n'ont pas perçu que Dieu les aime, ou bien au fond, ils s'en moquent, car ça ne change rien. Dieu ne va pas venir devant eux et leur faire un discours : « Chers amis, je vous aime ! » Mais si quelqu'un me dit : « Je t'aime », cela change tout vis-à-vis de ce Dieu dont on se sait aimé

Nous dématérialisons l'expérience de la prière au sens le plus profond – l'oraison –, car nous avons tendance à confondre la prière avec les moyens de la prière, la liturgie, le chant, etc. Or cette expérience se découvre comme une expérience analogue au discours de l'amour entre le fiancé et la fiancée.

CHAPITRE 3

« NOTRE CŒUR N'ÉTAIT-IL PAS TOUT BRÛLANT ? »

La clé de la prière chrétienne, c'est l'Eucharistie. J'ai parlé de la prière parce que je crois que la préparation au mariage n'est pas seulement l'occasion de parler du mariage, mais permet aussi un renouveau de la vie spirituelle, la prière faisant partie des clés de la vie chrétienne. De même, l'Eucharistie peut être d'abord un lieu central pour vérifier nos repères par rapport à la vie chrétienne, mais notre participation à l'Eucharistie peut aussi être relue d'une autre manière, en lien avec ce que l'on vit dans la découverte de la vie conjugale. Il y a une Eucharistie des époux.

Une rencontre régulière avec le Christ

L'Église a pris très tôt conscience du côté central de la liturgie eucharistique dans la vie chrétienne. C'est ainsi que l'on invitait d'abord les chrétiens à cette célébration. Les autres célébrations se sont finalement construites relativement à l'Eucharistie, car on ne voyait pas comment l'on pouvait être chrétien sans participer à l'assemblée dominicale de manière régulière. C'est toujours vrai aujourd'hui, même si la règle n'est plus suivie par un bon nombre de personnes qui pourtant se déclarent chrétiennes.

Lors de la préparation à la confirmation, je demande qui va à la messe tous les dimanches : « Tous les dimanches ? Vous n'y pensez pas ! Ce n'est pas possible ! » Ma question est perçue comme une curiosité. Je demande si certains y vont tous les mois, ce qui d'ailleurs est une drôle de périodisation, et certains des confirmands s'y reconnaissent. C'est une moyenne. Je demande : « Allez-vous à la messe pour Pâques ? – Ah, oui ! Bien sûr ! » Et l'un dit : « Moi, je n'ai pas pu y aller depuis trois ans, mais sinon, j'y vais tous les ans. » Si je suis paralysé sur mon lit, il est clair que dans ce cas, je ne vais pas pouvoir aller à la messe, mais le minimum, pour ne pas mourir de faim, est bien d'y aller régulièrement !

Je connais un endroit où certains ne viennent qu'à la sortie de la messe ! Il y a bien des manières de vivre la messe, mais quand même ! C'est là que tout commence et que tout aboutit. Sinon, c'est comme si un couple marié ne se retrouvait pas le soir. Il faut vivre la rencontre avec le Christ régulièrement, selon un rythme humain, au moins une fois par semaine, le dimanche.

Certains disent que l'on peut ne pas aller à la messe le dimanche et être bon, et aller à la messe et être méchant. Mais il y a peu de chances que vous deveniez bon si vous n'allez pas à la messe le dimanche d'une manière vraiment féconde et heureuse, et il y a des chances que vous soyez moins mauvais si vous y allez. Vous restez mauvais, mais moins mauvais.

Je pense qu'il y a un travail assez important à faire sur un point aussi essentiel, parce que si je ne vais à la messe le dimanche que par pure obligation, cela n'ira pas très loin. Il faudra là aussi sortir du minimal et donner du sens. Tant que je n'ai pas vraiment compris que la messe n'est pas une suite de prières, avec une forme plus ou moins imposée, mais la présence du mystère de la Croix auquel je peux actuellement participer, je n'avancerai pas.

Bien évidemment, certains diront : « Je ne cours pas forcément après la messe, je peux m'y ennuyer. J'y vais pour le sermon, celui de Noël. » Ce n'est pas forcément évident non plus d'insérer la messe dominicale dans votre vie concrète. Parce que vous êtes des fiancés très éloignés l'un de l'autre, vous prenez le train, le métro, l'avion, une péniche – que sais-je ? – pour vous retrouver le week-end. Vous vous êtes couchés tard, il faut vous lever tôt, car la messe est à neuf heures. Il faut courir ! On ne peut pas tout faire. Alors on y va seulement de temps en temps. La semaine dernière, vous êtes allés au mariage de votre cousin, ça fait une messe malgré tout. Mais ça ne « compte pas », ce n'est pas la messe du dimanche ! Ce n'est pas toujours évident aujourd'hui, et une fois que vous serez mariés, ça ne le sera pas toujours non plus. Parce que pleins de bonne volonté, vous vous lèverez tôt, à six heures, ce qui est parfois indispensable, pour être à la messe à l'heure. Évidemment, cela fait tôt le dimanche ! Il y aura toujours quelque chose, je ne sais pas quoi, du verglas, etc.

Si vous ne prenez pas une décision nourrie par l'intelligence de la loi, en l'occurrence l'intelligence de la messe, eh bien, vous vous détacherez, et vous perdrez beaucoup plus que vous n'imaginez, d'autant plus que ce pauvre monsieur le curé va finir par se retrouver tout seul, et s'il se retrouve seul trop longtemps, son évêque va l'utiliser ailleurs, et après, il n'y aura plus rien du tout. C'est clair.

Aujourd'hui, vous n'avez aucune certitude là-dessus et, si vous vivez dans une ville de moins de 10 000 habitants, il n'est pas certain que vous aurez un curé dans votre paroisse. Humainement parlant, c'est même peu probable. Quand on est à Paris, c'est très différent de la province profonde. Regardez, et vous verrez. De plus, le curé ne dira pas forcément la messe à l'horaire qui vous convient. Si on ne vitalise pas nos communautés, elles vont dépérir encore plus vite qu'on ne l'imagine. Après, ce sera presque héroïque. En gros, il y aura un prêtre utile par canton dans dix ans, et il y a des cantons très vastes ! J'espère que vous êtes bien situés dans le canton ! La messe tournante, ça ne donne pas forcément grand-chose. Si vous perdez le fil, vous ne savez jamais ni où ni quand elle a lieu…

Il faut savoir ce que l'on veut vivre. Il est clair que si vous voulez vivre le sacrement de mariage et une messe de sacrement de mariage, c'est totalement incohérent de ne pas suivre le rythme hebdomadaire dominical.

Il est donc important de qualifier notre participation à la messe, de mieux comprendre cette liturgie, pour pouvoir désirer y participer, sinon, je ne vois pas comment nous pouvons résoudre l'équation.

Sur la route d'Emmaüs

Je ne vais pas faire un commentaire complet de la messe parce que cela nous prendrait une autre semaine de retraite. Je voudrais simplement souligner quelques articulations, et notamment le mouvement de la prière de la semaine. Pour cela, je vais méditer un texte qui, en partie, parle d'autre chose, le récit des pèlerins d'Emmaüs, au chapitre 24 de saint Luc.

C'est un récit sympathique, rendu populaire par un certain nombre de peintres. Ce récit traite de la Résurrection du Christ. *A priori*, ce n'est pas directement notre sujet, mais nous allons voir comment ce témoignage de la Résurrection du Christ est reçu par les pèlerins d'Emmaüs. Le mouvement que le Christ suscite finalement nous conduit à la richesse et à l'articulation de la messe elle-même, la messe étant pour nous l'un des moyens les plus forts, les plus directs, les plus immédiats de vivre l'expérience des pèlerins d'Emmaüs. On passe d'une situation de détresse, de perte de la foi et de l'espérance à une situation d'espérance et de foi, de charité vive, avec en plus la dimension de qualité missionnaire. C'est un récit assez détaillé.

Regardons les versets 13 et suivants : « *Ce même jour, deux d'entre eux se rendaient à un village du nom d'Emmaüs, éloigné de soixante stades de Jérusalem, et ils parlaient entre eux de ces événements. Tandis qu'ils parlaient et discutaient entre eux, voici que Jésus lui-même s'approcha et fit route avec eux.* » Coup de chance ! Ils sont déprimés, Jésus est là, on ne sait pas comment. Il fait du « piéton stop » – technique un peu oubliée de nos jours ! –, et il fait route avec eux. « *Mais leurs yeux étaient empêchés de le reconnaître.* » Ils sont entièrement pris par leur affaire. Cela arrive à beaucoup de gens, même à ceux qui font des retraites spirituelles ! Ça ne va pas, il faut faire une retraite. On essaie de leur montrer Jésus, mais ça ne va pas. Ils sont empêchés de le reconnaître. « Ce qui m'a manqué dans cette retraite, c'est de pouvoir voir le Christ ! », entend-on parfois à la fin.

« *Mais quelle est donc cette affaire dont vous discutez tout en marchant ?* » leur demande Jésus. Comme s'il ne le savait pas ! « *Et ils s'arrêtent, l'air découragé, et l'un d'eux, nommé Cléophas, lui répond : "Tu es bien le seul homme de passage à Jérusalem à ignorer ce qui s'est passé ici ces derniers jours !"* », « Tu n'es pas au courant du Mondial, du Tour de France, mais d'où tu sors ? » Ils reprennent un peu de vigueur d'ailleurs, tant ils sont étonnés que Jésus ne soit pas au courant.

« *Il leur dit : "Quoi donc ?" Ils répondent : "Toute l'affaire de Jésus de Nazareth ! C'était un prophète puissant en œuvres et en paroles : Dieu en est témoin, et tout le peuple également ; nos grands prêtres et nos chefs l'ont renié, et ils l'ont condamné à mort et l'ont mis en croix. Nous pensions que c'était lui qui délivrerait Israël. Mais tout est fait et c'est déjà le troisième jour. C'est vrai que quelques femmes de notre groupe nous ont déroutés. Quand elles sont allées au tombeau à l'aube, elles n'ont pas trouvé son corps, elles sont venues nous dire qu'elles ont eu une vision avec des anges qui disent qu'il est vivant. Certains des nôtres sont allés au tombeau et ont trouvé les choses comme les femmes avaient dit, mais lui, ils ne l'ont pas vu." »* Donc, nous n'avons toujours aucun espoir, et nous sommes repartis chez nous.

Moi, si j'avais été Jésus, je leur aurais dit : « Je suis Jésus, ressuscité ! » Mais ils continuent à aller tous les trois vers Emmaüs. Jésus prend l'initiative : *« Alors il leur dit : "Hommes sans intelligence, cœurs lents à croire ce qu'ont dit les prophètes !" »* Je trouve que ça fait un bon début de prédication ! Ça commence à être un petit peu musclé !

Quand les gens arrivent à la messe, ils font la même tête que les disciples d'Emmaüs, ils ont l'air affligés, accablés, ils arrivent en retard, mais pas trop, pour avoir une chaise dans le fond.

« "Le Messie ne devait-il pas souffrir pour entrer dans sa gloire ?" Et il leur fit l'interprétation de ce qui le concernait dans toutes les Écritures, en commençant par Moïse et ensuite tous les prophètes. » Ils connaissent les Écritures, ils ont fréquenté des écoles pour cela, mais ils n'ont absolument jamais compris comment cela concernait Jésus. À travers Ézéchiel, Daniel, Abraham, Isaïe, Jésus leur explique. « Vous avez un doctorat ès exégèse, mais vous n'avez rien compris ! Vous vous êtes arrêtés au sens premier, vous n'êtes pas allés au sens spirituel, l'annonce de la venue du Messie ! » Le problème n'est pas de regarder ce qu'il y a sur le papier, mais de voir le filigrane. En filigrane, on voit apparaître la tête du Christ. C'est comme les billets de banque. À la Renaissance, on désignait les papiers en fonction de ce que l'on y voyait en filigrane. Par exemple, il y avait le papier raisin, mais le plus beau de tous, c'était le papier Jésus !

« Ce qui le concernait. » Quand je lis un psaume, j'entends parler du Christ. Les disciples écoutent et marchent.

« Lorsqu'ils s'approchèrent du village où ils se rendaient, il fit semblant d'aller plus loin. » C'est vraiment curieux. Jésus ne dit pas qui il est, il ne leur dit rien et fait semblant d'aller plus loin. Les autres mettent leur clignotant pour sortir de l'autoroute, mais lui ne met pas son clignotant. Il passe à gauche pour les doubler.

« Mais ils firent pression sur lui : "Reste avec nous, le soir tombe et déjà le jour baisse." » Ils ont le sentiment qu'il se passe quelque chose, cette lecture du filigrane les intéresse.

« Il entra donc pour s'arrêter avec eux. Comme il était à table avec eux, il prit le pain, il le bénit, et après l'avoir rompu, il le leur donna. Alors leurs yeux s'ouvrirent et ils le reconnurent ; mais lui était déjà devenu invisible à leurs yeux. » Champagne ? Non, il disparaît à leurs yeux ! À aucun moment, Jésus ne leur a dit que le Christ était ressuscité. *« Ils se disaient l'un à l'autre : "Notre cœur n'était-il pas tout brûlant en nous quand il nous parlait sur le chemin, quand il nous expliquait les Écritures ?" À l'heure même, ils se levèrent et retournèrent à Jérusalem où ils trouvèrent rassemblés les Onze et ceux de leur groupe. Ceux-ci leur dirent : "En vérité, le Seigneur est ressuscité, il est apparu à Simon." Et eux de leur côté commencèrent à raconter ce qui s'était passé sur le chemin, et comment ils l'avaient reconnu à la fraction du pain. »*

Une découverte de la réalité divine

L'expérience des disciples d'Emmaüs, c'est l'expérience de la messe. Vous arrivez et vous vous laissez rassembler par Dieu à l'occasion de la célébration eucharistique.

Il y a un rite pénitentiel, puis nous écoutons la Parole de Dieu. La première lecture nous conduit à l'Évangile, et l'Évangile met en lumière le filigrane de la première lecture. Cela nous donne l'intelligence des Écritures – nous devrions faire là l'expérience des disciples d'Emmaüs avec leur cœur brûlant –, une intelligence du mystère, dimanche après dimanche. Cela va nous permettre, dans le deuxième temps de l'Eucharistie, de reconnaître le Christ à la fraction du pain, dans son Corps et son Sang. Nous sommes préparés à le reconnaître par l'intelligence des Écritures, à reconnaître Jésus mort et ressuscité. À ce moment-là, le Christ part, du moins il disparaît à nos yeux. Le dernier mot de la messe est : « Allez ! Partez ! Annoncez ! »

Il est évident que j'ai besoin de cette expérience fondamentale, sinon je suis comme les disciples d'Emmaüs : je suis en train de partir de Jérusalem avec un air lugubre et un cœur plein de tristesse.

Il y a un double mouvement : l'intelligence des Écritures et la reconnaissance à la fraction du pain. Il y a même une allusion aux disciples d'Emmaüs dans l'une des prières eucharistiques.

La messe n'apparaît pas comme le rite social d'un groupe religieux qui serait les chrétiens, mais comme une expérience fondamentale à travers laquelle, jour après jour, semaine après semaine, nous allons sortir de ce manque de foi, de cette désespérance, de ce repli sur nous-mêmes qui engendre la tristesse. Nous passons d'un rêve plein d'amertume à la découverte de la réalité divine, en ayant cette intelligence des Écritures ; en reconnaissant le Christ présent mort et ressuscité et se donnant à nous ; et ensuite en allant l'annoncer. Les disciples n'apprennent d'ailleurs rien aux Onze, mais ils se réjouissent avec eux, ils se fortifient mutuellement. Cela se retrouve dans la salutation : « Le Christ est ressuscité ! » qui est une manière de se dire bonjour.

« Comment ils l'avaient reconnu à la fraction du pain. » Je vous promets qu'il y a beaucoup de chrétiens qui vont à la messe tous les dimanches et qui n'ont rien reconnu du tout. Au moment de la consécration, ils regardent leur montre, pour

voir si on est à peu près dans les temps. À la longue, c'est pesant, il y a la tentation d'une messe plus rapide. Dès que vous ralentissez un peu, les gens toussent. Si le sermon dépasse sept minutes trente, ça commence à s'agiter.

Certains veulent sortir de cet ennui en rajoutant des choses, des chants, un gros tam-tam, que sais-je ? On s'embête, mais au moins on a entendu du tam-tam ! Il y a trente ans, la chorale interprétait deux ou trois chants. Cela faisait une petite distraction, cela faisait passer le reste. Mais aujourd'hui, du point de vue spectacle divertissant, l'Eucharistie dominicale, c'est quand même souvent assez pauvre.

Nous sommes allés à la messe faire l'expérience des disciples d'Emmaüs. Il ne s'agissait certes pas d'un homme et d'une femme – c'était Cléophas et son ami – mais c'est pareil : si vous vous mariez, il vaut mieux que ce soit heureux, que ce soit une expérience qui donne un sens éblouissant à votre vie. Interrogez les gens sur l'Évangile du jour à la sortie de la messe. On vous répond que ça parle du Christ ! Parfois, même le curé est embrouillé ! Ce n'est pas franchement tout brûlant. Quelquefois, on a lu l'Évangile en vitesse dans la voiture en allant à la messe. Il faudrait filmer les gens à la sortie de la messe, et zoomer sur leurs regards mornes. Quand je suis à l'entrée de l'église pour saluer les fidèles, certains ne voient même pas qu'il y a l'évêque !

Offrir toute sa vie

Réfléchissons aussi sur l'offertoire qui est une articulation intéressante au cœur de la messe : il s'agit du préambule, de l'ouverture à la prière eucharistique. Comment cela s'insère-t-il dans notre vie ? On présente du pain et du vin. Il y a là tout un enjeu. Le don initial de Dieu, la création, je le lui présente transformé par ma propre vie, mon travail, l'engagement, l'enjeu de ma liberté qui porte du fruit. C'est le sens de la formule : « fruit de la terre, de la vigne, et du travail des hommes ». Ce travail de l'homme, c'est toute ma vie. Je viens à la messe riche de tout le fruit que j'ai fait porter dans ma vie pour le redonner et le partager à Dieu, au contraire des vignerons homicides de la parabole qui veulent, eux, tout accaparer.

Nous venons offrir le fruit que nous avons fait produire à partir du don de Dieu : ce fruit, je le rends à Dieu. L'offertoire est le moment où je présente toute ma vie à Dieu, pas seulement mon travail, mais aussi ma vie familiale et conjugale, qui porte du fruit, on peut l'espérer, y compris avec ses limites. De temps en temps, il y a certains aspects de ma vie qui ne sont pas complètement épanouis : j'offre même cela au Seigneur, dans ce que cela a de beau comme dans ses limites, jusqu'au jour où je serai capable de l'offrir complètement. Il y a des choses que l'on n'a pas envie d'offrir complètement, d'abord parce que parfois on sait que l'on a soi-même mis quelque chose qui est contradictoire avec le don de Dieu : on a détourné, éteint une partie de ce don. Ou alors, on a envie de garder une partie de l'héritage pour nous, comme les vignerons homicides[1].

On attend le royaume au plus tôt, sachant que son avènement apportera toutes les joies, bien plus que ces éléments parcellaires que nous pouvons connaître, comme les joies du mariage. Psychologiquement, ce n'est pas très facile de dire : « Le Royaume d'accord, mais on aimerait voir la fin du film qu'on joue pour nous-mêmes ! » À l'offertoire, on s'offre jusqu'à purifier notre vie de tout ce qui finalement est contradictoire avec son orientation foncière au service de Dieu ; c'est-à-dire que la messe est bien un lieu essentiel, mais le lieu de la sainteté et de la sanctification même, ce n'est pas

1. Lc 20, 10.

la messe, c'est notre vie. Cette vie est présentée, et là, on peut vérifier ; elle va être transformée au cœur de la messe.

Avec l'offertoire, nous voyons bien qu'il n'y a pas un lieu étroit de sainteté qui serait la célébration eucharistique, et puis ma vie, non ! Il y a ma vie qui est une, et je sanctifie tous les aspects de ma vie, mon travail, etc. Je récapitule tout cela et je le présente à Dieu, je le lui offre dans la célébration eucharistique.

Au lieu d'être attaché à ma petite idée, comme les pèlerins d'Emmaüs qui disent : « Nous qui espérions qu'il allait rétablir la royauté en Israël », nous sommes entièrement dans le projet de Dieu. Nous contribuons par toute notre vie à établir son Royaume. À l'offertoire, nous apportons une pierre à l'édifice. L'offertoire, c'est l'avènement du Royaume.

Il faut vivre l'offertoire dans l'optique de la construction du Royaume. Je me marie pour construire le Royaume. Lors de la messe de mariage, l'offertoire est après le sacrement nuptial.

La messe est le sacrifice du Christ offert par le prêtre, mais aussi celui de toute l'Église, donc le nôtre. C'est le mouvement du Christ qui s'offre à son Père pour le salut du monde. Nous entrons dans ce mouvement par toute notre vie, non par le fait que nous passons une heure à la messe le dimanche matin, mais parce qu'on oriente fondamentalement toute notre vie au service de l'accomplissement du Royaume.

Votre couple, votre vie conjugale, votre vie familiale ne vous appartiennent pas. Vous en faites don à Dieu pour que ce soit orienté vers la construction du Royaume. Si vous gardez tout pour vous, vous perdez tout. Vous êtes de fait comme les vignerons homicides. Vous rendez vaine la croix du Christ. Ces vignerons, ils ont travaillé, et on leur dit : « Votre patron va tout prendre. » Oui, il va tout prendre pour tout donner.

Si on n'entre pas dans cette logique divine, on ne fait que chercher à établir la royauté en Israël, on se contente d'un projet humain. C'est un peu piteux ! On retourne vers Emmaüs alors qu'il s'agit de courir vers Jérusalem ! Si vous comprenez cela, vous allez réellement pouvoir donner du sens, donner une finalité vraie et définitive. L'offertoire dit tout cela.

Envoi en mission

À la fin de la messe, il y a un renvoi, le diacre dit : « Partez ! *Ite !* » La traduction française dit curieusement : « Allez dans la paix du Christ ! » Cela n'a pas la force du *Ite !*

Imaginez un dîner où vous avez invité vos amis : « Partez ! » Il y a là une urgence après avoir tout apporté et offert. Vous venez de communier au Corps du Christ. Relisez la première Épître aux Corinthiens. Il faut une intelligence des Écritures et la fraction du pain. Le plus urgent, c'est d'aller mettre en œuvre les talents que l'on a reçus pour pouvoir offrir davantage à Dieu. On comprend le sens des choses, car on a vu le visage du Christ, on a communié et on court pour aller mettre les talents en œuvre dans la vie professionnelle, conjugale, familiale, sociale, etc.

De temps en temps, il y a des éléments en creux : « Au moment où tu te présentes à l'autel, si tu te souviens que ton frère a quelque chose contre toi, va d'abord te réconcilier avec ton frère, ensuite, viens présenter ton offrande.[1] » Parfois, on a mis du désordre quelque part. Il faut faire la lumière. À l'envoi, on court se réconcilier avec Belle-maman, même si elle ne veut pas se réconcilier !

---

1. Mt 5, 24.

CHAPITRE 4

Osons être saints !

La sainteté, c'est pour tout le monde. Il n'y a pas différentes catégories de places. Si vous dites : « Je vais arriver au ciel, une petite place me suffit, un strapontin », on vous répondra : « Il n'y a pas de strapontin ! » Le problème de la sainteté, c'est que l'on se fait beaucoup d'idées fausses à son sujet. Elle évoque la perfection, un sommet de vie, une qualité de vie, l'héroïcité. Mais la sainteté chrétienne, ce n'est pas d'abord un catalogue de vertus païennes.

Il y a un certain nombre d'objections que l'on peut faire, liées à une mauvaise compréhension de ce qu'est la sainteté, et qui font que les gens ont peur. Qu'est-ce donc que cette sainteté, et comment répondre à ces objections multiples ? Prenons les plus courantes : cela nous permettra, en y répondant, de dessiner le profil de la sainteté telle que l'Église l'enseigne.

Vouloir ce que Dieu veut

Vouloir atteindre la sainteté serait orgueilleux. C'est, je crois, la première objection : « Pour qui se prend-il ? Vous vous rendez compte ? Il veut être saint ! Ça alors ! Il n'a pas dit qu'il l'était, mais qu'il voulait le devenir. Quand même, rien que d'avoir l'idée… »

Est-ce de l'orgueil ? L'orgueil, c'est vouloir m'affirmer moi-même. L'humilité, c'est accepter d'être éclairé dans mes décisions essentielles, mes choix de vie, le sens de ma vie, par un autre, en l'occurrence par Dieu, à travers toutes les médiations que Dieu met à mon service. Ce serait donc de l'orgueil que de prétendre pouvoir arriver à un sommet à la force du poignet par le fait de mes mérites, de mon bon droit et de l'affirmation de moi-même. Mais si la sainteté, c'est la volonté de Dieu, vouloir être saint, c'est être humble ; c'est d'être non pas comme je l'imagine mais comme Dieu me demande de l'être. Or, il me demande d'être saint. Par exemple : « *Soyez parfaits comme votre Père céleste est parfait.*[1] » Ou encore saint Paul qui écrit aux Thessaloniciens : « *La volonté de Dieu, c'est votre sanctification.* » Et dans le *Notre Père* : « *Que ta volonté soit faite sur la terre comme au ciel.* » Dieu veut que je me sanctifie, je veux ce que Dieu veut, je veux me sanctifier. C'est un but vers lequel je ne veux pas seulement tendre, mais que je désire véritablement atteindre.

Ma liberté, enrichie par la grâce de Dieu, va me projeter sur un chemin de sainteté. Voici ce qu'écrit Charles de Foucauld dans des notes de retraite : « N'ayez même pas la folie de croire que ce soit orgueil de votre part de désirer, d'espérer, de vouloir parvenir à une très grande sainteté. C'est tellement peu orgueil que c'est au contraire devoir et obéissance. Les grâces dont je vous comble sont un ordre très précis de ma part de monter à une grande sainteté. » Madeleine n'est pas trop bien pour Brel… la sainteté n'est pas trop bien pour vous ! C'est juste ce qu'il vous faut selon la volonté de Dieu. Ça vous va comme un gant. Je vous vois très bien dans une niche, non pas pour les chiens mais pour les saints ! Dieu le veut !

---

1. Mt 5, 48.

Dans la vraie liberté

Dans le premier chapitre de l'Épître aux Éphésiens, nous lisons : « *Il nous a choisis dès avant la création du monde pour que nous soyons saints et irréprochables dans l'amour.* » Notre liberté s'inscrit à l'intérieur de ce choix fondamental de la part de Dieu, pour construire des chemins qui vont nous permettre d'y répondre et de donner corps à ce choix dont nous sommes l'objet à travers notre vie.

Le choix de l'homme en réponse au choix de Dieu, c'est d'accueillir ce propos général, cette vocation large que Dieu nous adresse, cette vocation à la sainteté, et de construire, en fonction de la mise en œuvre de notre liberté, des chemins concrets pour y répondre. Si vous sortez de ce choix de Dieu qui vous appelle à la sainteté de toute éternité, c'est la défaillance totale de votre liberté, et si vous persévérez dans cette défaillance, vous vous y enfermez : cela s'appelle la damnation, l'autoprivation définitive de Dieu et de son choix sur moi. Jésus nous avertit que cette hypothèse n'est pas complètement théorique.

À l'intérieur du vaste programme humain, choisir, pour parvenir à la sainteté, tel ou tel chemin, ou encore un troisième, cela relève de notre liberté qui se met en route pour répondre. Dieu m'appelle à aller jusqu'à un terme. Il me donne des moyens, il éclaire des routes. C'est à nous, à notre liberté, qu'il convient de se mettre en œuvre pour avancer sur ce chemin et atteindre le but. Mais changer le but, cela n'appartient pas à notre liberté.

Il est vrai que notre liberté peut changer le but, refuser ce terme, et c'est alors une défaillance totale de notre liberté. Ma liberté peut défaillir parce qu'elle n'avance pas vite sur le chemin ou parce que le chemin qu'elle a pris est un chemin de traverse, un chemin médiocre, fait de détours, auquel cas il faut dire de temps en temps : « Seigneur, pardonne-moi, je n'ai pas avancé sur le chemin. » Il faut se convertir et revenir dans le bon sens. Ma liberté peut théoriquement défaillir totalement, au point de repousser le but lui-même et de refuser ce qui fait le cœur de la pensée de Dieu sur moi : faire de moi quelqu'un de saint et d'irréprochable dans l'amour. À ce moment-là, je me coupe de Dieu. Je me prive de Dieu. On appelle cela la damnation, l'enfer.

Jean-Paul Sartre a bien figuré cette dynamique terrible, diabolique, de la liberté humaine défaillante dans *Huis Clos*. Cette pièce n'est pas tout à fait un propos sur l'enfer, même si le mot y est, « l'enfer, c'est les autres », mais quand je sais que Dieu m'appelle à vivre telle chose, que je sais pertinemment que c'est le seul chemin pour m'en sortir et le seul chemin de bonheur, et que je récuse cela globalement, que je fais le contraire, ma liberté est défaillante.

Sartre est un très bon « mauvais théologien », car il a une logique étonnante : il prend des sujets essentiels, et dans une logique étonnante, il nous mène justement là où il ne faut pas aller. Ça fait une fin de vie assez triste ! Malgré tout, je pense qu'il sera peut-être sauvé par le fait que ses réflexions nous donnent à penser et nous montrent la logique terrible d'une liberté défaillante parce que mal comprise !

La sainteté, ce n'est pas de l'orgueil, et désirer la sainteté, c'est entrer dans le projet de Dieu sur nous, projet que l'on s'efforce de concrétiser humblement en choisissant un chemin.

Agir avec amour

Certaines personnes pensent que la sainteté c'est très, très bien, mais que c'est impossible pour elles parce que c'est beaucoup trop difficile ! Il faut se lever très tôt, se coucher très tard, faire des miracles chemin faisant, travailler comme un fou, enfin toutes sortes de choses qui sont dures, avec peu de réjouissances entre deux. On pense que le saint a beaucoup souffert. Il est mort martyr, dans des souffrances terribles et longues. Au lieu d'être mangé par un lion affamé en un seul coup, il a été mangé par un lion peu affamé en plusieurs coups ! C'est un vrai problème, ces lions ! Saint Ignace d'Antioche est mort comme cela. Il ne veut pas manquer l'occasion de devenir martyr lors d'une persécution. Aux chrétiens romains, il écrit de ne rien faire pour le sauver. « Je sais que les lions n'auront peut-être pas faim, mais je les flatterai pour qu'ils me mangent complètement et que mon enterrement ne soit à la charge de personne » dit-il ! Parce que celui qui n'était mangé qu'à moitié, il souffrait souvent longtemps, et puis après, il fallait l'enterrer ! C'était coûteux !

Être saint ne consiste pas à vivre des choses terribles, c'est-à-dire être mangé complètement ou à moitié, ni à être brûlé à petit ou grand feu ; ça ne consiste pas à avoir des souffrances très remarquables tout au long de sa vie, à vivre dans un contexte épouvantable avec des gens méchants autour de soi, ou vivre des persécutions variées et avoir un travail fou, comme par exemple saint Vincent de Paul. L'emploi du temps de ce dernier était absolument aberrant. Il se levait vers quatre heures du matin. Après une heure, une heure trente d'oraison, il disait la messe puis commençait sa journée jusque vers vingt-trois heures. Il a fait cela durant des années ; il a été aumônier des galères, il a fondé des œuvres, comme les Filles de la Charité, des œuvres pour s'occuper des enfants abandonnés, des femmes en péril, pour former des prêtres. Il a mis en place des séminaires, assuré une direction spirituelle à des quantités de gens. De plus, il participait tous les mercredis au Conseil du Roi qui se tenait à Saint-Germain, où il se rendait à pied.

C'était la guerre civile. Il distribuait du pain aux pauvres, s'occupait de la Visitation. Rien que d'y penser, je n'en peux plus !

La sainteté ne consiste pas à faire énormément de choses ou des choses impossibles, difficiles, cela consiste à faire ce que l'on a à faire, avec courage et méthode, mais surtout avec amour, avec charité. Au chapitre 13 de l'Épître aux Corinthiens, saint Paul s'écrie : *« Si j'ai vaincu les mondes et que je n'ai pas la charité, ça ne sert à rien. »*

Les païens pensaient que pour qu'un homme soit divinisé, il lui fallait passer par des stades, à commencer par l'héroïcité. Hercule-Heraklès est devenu un demi-dieu parce qu'il a accompli les douze travaux. Dans l'inconscient collectif païen, les dieux sont plutôt durs et nous obligent à des épreuves initiatiques terribles. Rien que de nettoyer les écuries d'Augias… Et nous restons avec cette idée-là. En fait, nous n'avons pas beaucoup bougé depuis les temps païens : « Vous allez en baver, comme pour le service militaire ! » Il est possible que saint Vincent de Paul fasse les douze travaux d'Hercule, mais ce n'est pas pour cela qu'il est saint, c'est parce qu'il l'a fait avec amour, avec charité.

Il y a des gens qui sont non moins païens, mais d'un paganisme coloré par un mysticisme faux et qui pensent que, pour atteindre la sainteté, il faut faire des choses très difficiles humainement, ou gigantesques, par exemple construire la tour Eiffel en la faisant tenir sur la pointe ! Faire des choses qui relèvent de la vie de Dieu, des miracles, ou avoir des phénomènes préternaturels, des lévitations, des visions, des paroles, des locutions intérieures. Eh bien, je vous le déclare, la sainteté ne tient pas aux phénomènes préternaturels dont vous pouvez bénéficier ou aux miracles que vous pouvez faire, et il est même vraisemblable que le jour où l'on examinera votre cause en sainteté, si vous avez vécu des phénomènes mystiques, cela va plutôt rendre l'évolution de votre cause délicate. La Sainte Vierge n'a jamais eu de vision de la Sainte Vierge ! Il y a des saints qui sont thaumaturges et des thaumaturges qui ne sont pas saints. Certaines personnes pensent que s'ils n'ont pas eu de vision de la Sainte Vierge, ils sont mal partis, ou que s'ils l'ont vue, c'est gagné. Non ! Ce n'est pas gagné du tout ! Ce n'est pas parce que l'on a une vision ou une parole de la Sainte Vierge que l'on est saint. Sainte Thérèse de Lisieux n'a jamais rien eu de tout cela : « Ma vocation, c'est l'amour ! » Elle voulait être militaire, missionnaire, prêtre, tout cela à la fois. C'était impossible, mais l'amour est à la racine de tout. Elle est sainte dans la vie quotidienne.

Marthe Robin disait : « Il y a une sainteté commune à laquelle tous les chrétiens par vocation doivent aspirer et embrasser dans la mesure des grâces qui leur sont faites, parce que tous y sont appelés. La désirer n'est pas mauvais, parce que c'est Dieu qui nous la donne. S'il y a tant de chrétiens qui pensent que la sainteté est un état spécialement réservé aux grandes âmes, et simplement à quelques-unes, c'est qu'ils ne la voient pas dans toute sa simplicité et sa folle vérité. Ils ne la voient qu'entourée d'œuvres extraordinaires, impossibles au commun des mortels ; souvent aussi, ils la confondent avec les grâces gratuitement données, avec les visions ou le don des miracles. Ils n'imaginent les saints qu'en extase ou en croix, ou penchés sur les morts pour les ressusciter. Qu'on puisse vivre avec Dieu dans une union d'amour pur ne leur vient pas à l'esprit. Pourtant, **la vraie sainteté consiste principalement dans la charité parfaite**. »

Et pourtant, Marthe Robin aurait pu dire : « Des extases, des phénomènes mystiques, j'en connais un maximum ! » Je peux vous dire que ça lui crée des problèmes maintenant pour sa cause de béatification, et on examine tout cela à la loupe. La sainteté n'est pas de cet ordre-là. Il y a largement plus de gens qui sont de faux mystiques que de saints qui ont des phénomènes mystiques. On ne court pas après les miracles, ni après les phénomènes mystiques, on court après la charité qui est la vie de Dieu. La sainteté est de l'ordre de la charité et non pas des choses difficiles, impossibles au commun des mortels, ou bizarroïdes.

Si quelqu'un commence à se vanter à ce sujet, il est à côté de ses pompes, il n'est pas dans la bonne « pompe », c'est-à-dire la bonne procession ! Il est dans la procession des suppôts de Satan et non pas dans celle des fidèles du Christ. Cela ne veut pas dire qu'il faut négliger les charismes ou les grâces mystiques, mais il faut les vivre pour ce qu'ils sont, c'est-à-dire des grâces qui ne sont pas données en fonction de notre sainteté propre, mais pour le bien de tout le peuple.

Si vous avez un don, il faut l'utiliser pour le bien de tous, pour toute une communauté, en acceptant de donner votre temps en fonction du don que vous avez reçu pour le bien des autres et par amour pour eux. C'est l'amour avec lequel vous mettrez en œuvre votre don propre, particulier, qui vous permettra de grandir en sainteté, en charité. On trouve cela partout, mais il y a des gens qui n'arrivent pas à passer le barrage de notre vieux fond païen.

Accueillir le don de Dieu

Je suis de plus en plus persuadé que la France n'a jamais été vraiment complètement christianisée. Elle est teintée d'éléments de culture chrétienne, certes, mais elle est aussi marquée par les vieilles peurs des Gaulois qui avaient des dieux impossibles. Les idées sont restées, et on les propage. Nous avons l'impression que Dieu mange toujours des enfants, et c'est terrible, il faut faire un minimum de choses pour lui, sinon... On est là dans une stratégie de peur. À la limite, le panthéon des Grecs et des Romains, c'est déjà un petit peu plus subtil : vous faites des projets pour votre enfant, afin qu'il accomplisse quelque chose comme les douze travaux et devienne un héros, puis un demi-dieu par mariage à la deuxième génération, et même dieu à la troisième génération ! Un mariage avec une déesse peut aussi accélérer les choses ! Les Grecs notamment avaient une pensée extrêmement subtile qui fait beaucoup réfléchir, parce que contrairement à ce que nous pensons, ce n'est pas Zeus le grand dieu – Zeus est le dieu tonitruant, qui fait beaucoup de bruit – mais le grand dieu du panthéon grec, c'est Hermès, parce qu'il porte les messages ; c'est lui qui donne le sens, le bon sens, et notre Dieu est davantage celui qui donne sens que celui qui tonitrue. Il n'a rien à voir avec celui que l'on désigne dans la formule : « Le bon Dieu va te punir ! »

Faites une psychanalyse des chrétiens. On dit : « Je crois en Jésus-Christ », mais en fait on pense « en Jupiter tonitruant ». Moi, je n'ai pas envie d'aller rencontrer Jupiter sur l'Olympe ! Il va me proposer des choses impossibles, il va me dévorer, il va jouer avec moi comme un chat avec une souris. Donc, je ne bouge pas. Je fais le minimum. Il faut juste que Jupiter ne soit pas mécontent, que je me concilie les dieux. Je fais une retraite parce que je me dis : « J'ai fait une retraite, ça n'a pas été marrant, mais au moins comme ça, il ne peut rien dire. J'ai payé mes impôts, j'ai allumé un cierge, je vais à Lourdes. » Il y a des gens qui vont par pure piété à Lourdes, et d'autres parce que ça garantit les choses un minimum. Et je mets un gros cierge ! Ça ne marche pas beaucoup, et c'est pour cela aussi que ça a un peu dégringolé.

Je ne crois pas en Jupiter le tonitruant mais en un seul Dieu. Cela fait une vraie différence ! La différence spécifique n'est pas entre « Je crois » ou « Je ne crois pas en Dieu » – il n'y a qu'une poussière de pauvres gens qui ne croient pas en Dieu – mais : « Quel est ce Dieu auquel je crois ? » Et le débat sur la sainteté est corrélatif. Évidemment, je n'ai pas envie de répondre à l'appel à une perfection impossible ou beaucoup trop coûteuse si j'imagine Dieu comme Jupiter. Or Jésus ne commande pas à la foudre de tomber sur ceux qui ne l'ont pas reçu.

Psychanalysez le Dieu de Maurras en 1930. Maurras était élève d'Auguste Comte, et rationaliste. Son Dieu est païen : il lui met une étiquette chrétienne, et il ne comprend pas qu'on lui cherche des ennuis, parce que sous une identité chrétienne, il nous propose un Dieu païen, et une vision païenne du fait religieux. Ceci dit, sa démarche est aussi très sympathique, parce que, culturellement, ce n'est quand même pas rien dans un monde très rationaliste. Qu'un rationaliste ou un fils de rationaliste nous propose une vision où l'on réintègre le fait religieux, c'est plutôt positif, mais on ne peut pas dire que ce soit complètement parfait si le religieux qu'il intègre, c'est un retour de deux mille ans en arrière, ou même plus, un retour au paganisme intégral, et sans le savoir en plus !

La sainteté, ce n'est pas difficile, c'est de l'ordre du don de Dieu que l'on accueille et auquel on laisse porter du fruit. Qu'on puisse vivre une union d'amour ne vient pas à l'esprit du plus commun des mortels. Pourtant, la vraie sainteté consiste principalement en la charité parfaite, et cette perfection, chacun peut l'atteindre sans grâces extraordinaires, sans faveurs de choix, et même, et surtout, sans œuvres éclatantes. Voilà !

Une sainteté originale

Parfois, nous pensons aussi que la sainteté, ce n'est pas très avantageux, parce que cela va nous mettre dans un moule. Comme si Dieu faisait ça en série ! Dans l'hagiographie traditionnelle, surtout médiévale, le culte des saints était très répandu, ce qui a beaucoup marqué notre culture religieuse. On avait tendance à considérer qu'il y avait deux ou trois modèles de saints, et on reconsidérait la vie du saint en fonction des modèles donnés. Pour faire apparaître la sainteté d'untel, on voulait montrer qu'il correspondait à tel ou tel modèle de grand saint. C'est vrai qu'il y a une manière d'écrire et de lire la vie des saints qui donne l'impression qu'ils étaient tous pareils. J'ai même lu la vie d'un saint sud-américain du XVIe siècle, écrite au XIXe. À la fin de la lecture des cinquante pages de ce texte, vous ne saviez rien sur le saint. À la limite, en rayant son nom et en mettant le vôtre, vous aviez votre propre panégyrique ! Vous ne saviez ni quand il était né, ni dans quel contexte il avait vécu, ni quels étaient son profil humain et les accents de sa spiritualité, etc.

Il y a deux grands modèles décrits dans les vies de saints : il y a d'abord des saints très méchants qui, tout à coup, par un coup de grâce, deviennent très gentils : c'est saint Paul. Cela a beaucoup marqué les gens. Très doué, plein de fureur, muni d'un écrit des grands prêtres, il persécutait les chrétiens, il voulait les exterminer. Puis il a rencontré le Christ sur le chemin de Damas. Il y a beaucoup de vies de saints comme cela, par exemple saint Augustin, qui est un converti. « J'étais méchant, on secouait les poiriers, et même pas pour voler les poires, mais simplement pour les gâcher. Et on était très content de nous ! Voyez comme j'ai les mains noires ! Il m'a renversé et il a fait de moi un grand saint ! »

Et puis il y a les saints qui ont toujours été saints, avec les mains jointes. On voit bien cela dès les échographies ! Le petit de cinq ans qui joue à dire la messe, etc.

Vous vous dites : « Je ne suis pas si méchant que cela, mais à cinq ans, je ne jouais pas non plus à la messe. Et je n'ai pas envie d'entrer dans ces modèles. Je ne me vois pas saint. » Finalement, on s'en tient à sa petite culture, sa petite image de soi-même : « Je ne suis pas si mal ». On n'a pas envie d'être saint parce que l'on se dit que l'on va perdre toute son originalité. C'est comme les religieuses : on leur met une guimpe et un voile, et elles sont toutes pareilles, vous ne les reconnaissez pas. Parfois, même les parents ne reconnaissent plus leur fille ! Je me souviens être allé un jour dans un couvent de Capucines : il y avait une grille et un rideau. Le rideau n'était ouvert que les jours de grandes fêtes. Même si la vie religieuse peut vous donner l'idée de quelque chose d'uniforme, la sainteté de Dieu n'est pas une fabrication en série, comme c'est le cas pour les voitures.

Ce qui est banal, commun et vulgaire, est de l'ordre du péché. Par le péché, nous nous ressemblons tous les uns les autres. Mais parce que nous faisons le bien et parce que ce que nous vivons est vrai, nous sommes tous différents. Un théologien commentateur de Vatican II sur ce point disait : « Dieu ne fait pas les saints en série. Plus un fidèle s'élève en sainteté et plus s'affirme l'irréductible originalité de son visage. Il a un nom qui n'est qu'à lui. » Vous ne remplacez pas un saint par un autre. Ils sont pleinement eux-mêmes. Quelqu'un qui n'est pas saint n'est pas vraiment encore lui-même. Il suit les modes, le consensus bas de gamme. Il n'est pas lui-même. On voit qu'il y a quelque chose qui n'est pas encore écrit ou achevé. Ne craignez pas d'être saint sous prétexte que vous voulez conserver votre originalité. Au contraire, vous ne serez vraiment vous-mêmes que si vous êtes saints.

Dans le quotidien de nos vies

Une dernière chose : on dit que la sainteté, c'est mettre en œuvre le don de Dieu. Mais beaucoup pensent : « Je n'ai pas le temps. » On remet à demain. Je passe un concours. Après, ce sera le premier emploi, une promotion, etc. Puis on élève des enfants, puis on est à la retraite, on fait des voyages. « Mais quand je serai mort, je serai saint ! J'aurai le temps ! »

À une de ses sœurs qui lui disait : « Ah ! Nous serons saintes quand tu seras au ciel, tu nous aideras », Thérèse de Lisieux répondait : « Le mois qui précéda mon entrée au Carmel est resté pour moi un doux souvenir. Au commencement, je me disais comme vous, je serai sainte quand je serai au Carmel. » En attendant, je ne vais pas me gêner : je sors tous les soirs en boîte ! « Mais le bon Dieu m'a montré le prix du temps. J'ai fait tout le contraire de ce que je pensais, j'ai voulu me préparer à mon entrée en étant très fidèle, et c'est un des plus beaux mois de ma vie. »

Croyez-moi, n'attendez jamais le lendemain pour commencer à devenir saint. C'est un témoignage. Et surtout, il ne faut pas imaginer que la sainteté, vous ne puissiez pas en vivre tout de suite sous prétexte que pour être saint, il faudrait rajouter des choses, un + 30 ou + 50 % dans la prière, ou ajouter de l'ascèse. La sainteté consiste plus à faire des choses dans l'ordre de la charité qu'à rajouter un *Je vous salue, Marie* à votre chapelet. Ça consiste à faire bien, avec amour, tout ce que vous faites, en commençant par ce qui est au cœur de votre vie. Si vous allez à la messe tous les jours et que vous faites de la catéchèse, mais que vous en avez marre d'être avec votre conjoint que, finalement, vous n'aimez pas, eh bien c'est zéro ! Si vous êtes marié, il faut d'abord aimer votre conjoint, ce qui ne vous empêche pas d'aller à la messe tous les jours et de faire de la catéchèse bien sûr !

La sainteté, ça ne consiste pas à faire des choses en plus, mais à bien faire qualitativement, dans l'ordre de la charité, ce que l'on est appelé à vivre en fonction de l'organisation de sa vie. Si on fait des choses idiotes, autant les supprimer. Mais autant faire ce qui est juste dans votre vie, et le faire bien. Là, c'est un chemin de sainteté. Sinon, vous arriverez à la messe les mains vides. Arrivez à la messe les mains pleines de la richesse de l'amour, de ce que vous avez mis dans votre vie, dans le quotidien. Vous ne pouvez avoir des parenthèses, des espaces de votre vie où, finalement, vous ne vivez pas selon la charité, parce que vous considérez que c'est possible. C'est là qu'il faut labourer le champ pour être saint. Si vous avez une vie de famille qui est très harmonieuse, tant mieux, très chrétienne, c'est parfait. Si vous manifestez tout cela pendant la sainte messe dominicale, c'est très heureux. Mais si vous gardez une parenthèse importante, par exemple dans votre vie professionnelle, où vous vous conduisez comme un malpropre, eh bien, il y a encore un grand travail de sainteté à faire.

Un théologien disait : « Le chrétien ne se sanctifie pas malgré les devoirs de sa charge, en ajoutant à côté d'eux des exercices plus ou moins nombreux de piété ou d'ascèse, il se sanctifie d'abord et premièrement dans et par ses devoirs. » Si votre vie, c'est une vie de conjoint, de père ou de mère de famille, de salarié de telle ou telle manière, eh bien, c'est parce que vous allez vivre avec charité vos implications sociales et humaines, fortement, que vous serez saint. Ce n'est pas en revanche parce que vous allez agrémenter vos vacances de tel ou tel pèlerinage, en réparation des grandes fautes que vous avez commises tout au long de l'année, que vous le serez. Ça ne vous empêche pas de faire un pèlerinage, je n'ai rien contre les pèlerinages pénitentiels, mais ça ne marche pas par compensation.

Il faut que la trame de notre vie soit forte. Pour nous y aider, pour nous faire prendre conscience qu'elle est fragile sur tel ou tel point, et forte sur d'autres, il n'est pas inutile de faire des exercices de piété, d'ascèse, un pèlerinage, mais le fin fond des choses, c'est la trame. Si vous arrivez au Paradis en disant : « Seigneur, j'ai quand même réussi à sauvegarder la messe du dimanche, et chaque année, je me suis efforcé de faire ce pèlerinage à Lourdes avec les malades, c'était bien pénitentiel, bien difficile. » Le Seigneur s'en moque et vous demandera : « Qu'as-tu fait de ton conjoint, de tes enfants, de la société dans laquelle tu étais, de ton village, etc. ? - Ah, je n'ai pas eu le temps ! » Le Seigneur vous dira : « Tu y retournes ! Je te ressuscite, et tu y retournes ! »

CHAPITRE 5

La sainteté, par quel chemin ?

Je voudrais dire deux mots de la sainteté dans la vision chrétienne. Vous voyez qu'être moine, c'est excellent ; que le fait d'être ministre ordonné, c'est excellent, et que le fait d'être chrétien laïc, c'est excellent aussi. L'état de vie détermine un chemin de sainteté, et tous ces chemins que je viens d'évoquer sont tous excellents, mais ils sont en même temps en cohérence les uns avec les autres. Nous avons besoin les uns des autres, cela nous permet d'être pleinement ce à quoi nous sommes appelés dans notre état de vie.

Évoquons ici le rapport entre la sainteté et les états de vie, et réfléchissons sur l'architecture qui caractérise ces deux données. Après avoir insisté sur le fait que nous étions tous appelés à vivre une grande qualité de sainteté, je voudrais souligner le point suivant : si nous sommes tous appelés à la sainteté, y a-t-il des chemins différents ? Et s'ils sont différents, qu'y a-t-il de grand dans chacun d'eux ? Qu'est-ce qui fait la cohésion de l'ensemble ? En d'autres termes, en quoi le peuple chrétien est-il un ?

Participer à la vie du Christ

Pour répondre à cela, il faut toujours partir du Christ, c'est une question de méthode. Je vous la donne pour les examens ! Sinon, vous échouez ! Il faut partir du Christ pour revenir au

Christ, Lui qui est le seul saint. Il veut nous faire participer à sa vie, à sa sainteté. À travers cette initiation sacramentelle que constitue le baptême, la confirmation et l'Eucharistie, il va faire de nous un peuple de prêtres, un peuple où chacun est appelé à s'offrir, à laisser le Christ vivre en lui, à s'offrir comme le Christ s'offre à son Père, avec la même qualité d'amour et le même don total de soi. C'est ce que l'on appelle le sacerdoce commun des fidèles, dont parle saint Pierre ou l'Apocalypse. Tous, nous participons à la vie du Christ et à son rôle de grand prêtre, c'est-à-dire celui qui s'offre en sacrifice spirituel : s'offrir tout entier soi-même dans tout ce que l'on fait, c'est ce que l'on fait à la messe, à l'offertoire.

Tous les fidèles baptisés, donc aussi les laïcs qui vivent pleinement cette initiation chrétienne sans avoir une consécration religieuse spécifique, vivent de cette sainteté qui consiste à participer à la vie du Christ en pouvant, à travers les divers éléments de leur vie, s'offrir en sacrifice spirituel à Dieu. Comme le dit l'Épître aux Hébreux : *« Me voici pour faire ta volonté. »* Cela signifie qu'en toutes choses, je veux faire la volonté de Dieu, je contribue à mettre toute chose en bon ordre par rapport à la volonté divine.

Si vous voulez illustrer cela par une image, il faut revenir à une expérience que nous faisions en physique quand nous étions en classe de Première : quand on met de la limaille de fer dans un plateau, elle s'éparpille dans tous les sens. Puis, quand on la met dans un champ magnétique, tout va dans le même sens, celui du champ magnétique. Cela révèle la théologie du sacerdoce commun. Faire la volonté de Dieu, c'est comme prendre un peu de limaille et se mettre dans le champ magnétique.

Vivre de la vie même du Christ dans ce qu'elle a d'essentiel, c'est répondre à l'amour du Père et, par la grâce du Christ reçue à son baptême, par le fait que nous sommes conformés à sa vie, vivre à notre tour cet élan d'offrande de nous-même dans l'axe de la volonté du Père, et non pas en disant : « Attendez ! Moi j'ai une meilleure idée ! On va mettre la limaille dans l'autre sens ! » Non, on essaie de prendre le sens de la volonté du Père et on se met dans le bon sens, cela construit le monde dans l'unité.

Tout cela est très bien, enthousiasmant, mais cela présente aussi deux difficultés, parce que pour le vivre, il faut sans cesse prendre le sens de la volonté du Père, s'orienter vers les choses ultimes, éternelles, et voir la qualité de vie du Christ présent pour être sûr de la qualité de notre propre orientation, de notre propre offrande, être sûr d'avoir pris la bonne direction. Et en même temps, cet élan de notre liberté est au service de la direction à prendre, de la volonté à faire. Cette direction, c'est ce qui est ultime dans la volonté de Dieu. Nous sommes aidés par cette présence du Christ pour vérifier que l'on est bien dans l'axe par rapport à lui, bien en communion avec lui, et que c'est lui qui vit en nous.

Il y a donc deux états de vie particuliers, autour et au service de cet état de vie principal qui est l'état de vie des laïcs, des baptisés. L'un et l'autre sont au service de la vie du grand nombre, pour pouvoir, l'un rappeler les valeurs ultimes du Royaume, ce qui est ultime dans la volonté de Dieu et qu'il veut nous voir faire, et l'autre pour pouvoir nous aider à être en présence du Christ qui s'offre éternellement à son Père et pour notre salut, afin de ne pas se tromper sur cette qualité, cette orientation foncière de notre liberté, pour vivre comme le Christ.

Signes de la vie future

Il faut parler ici de la vie religieuse consacrée. L'Église enseigne dans les textes de Vatican II ou dans le *Code de Droit Canonique* de 1983 ce que sont les communautés religieuses dans leur ensemble : elles sont signes de la vie du Christ. On ne peut pas comprendre l'Église sans la vie religieuse, c'est impensable, parce que c'est impensable de comprendre l'Église sans ce signe de la vie future qui rappelle les valeurs ultimes qui sont celles que Dieu nous propose et qu'il veut pour nous, et qu'il nous invite à vivre définitivement dans le Royaume.

Nous avons besoin de la vie religieuse, au cœur de notre vie d'Église, pour nous rappeler par exemple le primat de la vie contemplative. Dans la vie éternelle, il n'y aura plus d'action. Les religieux contemplatifs vivent cela. Fondamentalement, ils prient. Cela nous rappelle que, fondamentalement, je suis appelé à une vie contemplative en Dieu.

Nous sommes tous appelés à vivre le primat de la charité, alors il y a des ordres religieux qui sont caritatifs. Ces religieuses ne font pas mieux les piqûres que les infirmières professionnelles, mais elles font les piqûres par charité, plutôt que d'avoir un salaire comme tout le monde. Le but de l'infirmière professionnelle est d'abord de gagner sa vie. Le but de la religieuse est de manifester au cœur d'une vie de prière le primat de la charité. Ce n'est pas toujours complètement évident de faire et de vivre de la charité. Demandez-leur ! On vit en communauté, on est cénobites. On met en commun : dans le Royaume, on met tout en commun, et il faut s'y préparer.

La pauvreté, c'est manifester, en renonçant aux biens de ce monde, que le seul bien qui puisse nous satisfaire, c'est Dieu. Vous entrez dans la cellule, c'est austère : « Dieu seul » lit-on parfois sur le mur ou sur la porte. C'est un choix radical, même s'il est vrai qu'il y a des choses qui peuvent nous conduire à Dieu : Madame Acarie[1] par exemple s'est convertie parce que

1. Barbe Avrillot, épouse de Pierre Acarie, née à Paris le 1er février 1566 et décédée à Pontoise, le 18 avril 1618. Mariée et mère de six enfants, elle a été la principale introductrice du Carmel en France. Devenue veuve, elle a été elle-même appelée par Dieu à devenir sœur converse sous le nom de Sœur Marie de l'Incarnation, aujourd'hui bienheureuse.

son mari lui avait offert une version de l'*Imitation de Jésus-Christ* superbement reliée. Le livre était tellement beau qu'elle l'a ouvert pour ne plus le refermer !

Les religieux nous indiquent la direction, et nous en sommes très heureux. Dans votre ville, vous avez sûrement des religieux. Regardez le nom de bien des rues : ce sont souvent le nom des couvents. Vous allez à votre bureau. Vous pensez que, sur tel dossier, vous devriez augmenter votre commission pour pouvoir vous acheter une voiture plus grosse, et vous passez rue des Minimes. Et saint François vous dit : « Moi aussi, j'étais riche, mon père était un riche marchand. J'ai tout abandonné pour Dame Pauvreté, et j'ai épousé la vraie richesse : Dieu. » Si vous êtes au conseil municipal, ne débaptisez pas le nom des rues, rebaptisez-les même ! Rue de la pauvreté, rue du Royaume...

La sainteté des religieux, c'est d'être transparent au service de Dieu, c'est s'oublier soi-même et renoncer à des tas de choses heureuses dans la vie pour laisser paraître Dieu lui-même et les richesses qu'il donne immédiatement, afin qu'on ne se perde pas dans les sables de ce monde multiple et changeant. Souvent dans les familles, on a une tante religieuse, un cousin prêtre, ou alors une amie missionnaire. Il ne faut pas se défausser sur la tante, le cousin ou l'amie pour dire que, pendant ce temps-là... Mais il faut se rappeler leur renoncement pour manifester ces valeurs. Ce n'est pas bien pour lui ou elle seulement, c'est bien pour nous. On a besoin de lui. Sinon, vous risquez de louper la sortie !

Alors, pour bien garder cette orientation, quelles sont les valeurs que Dieu nous propose de vivre parce qu'il en vit lui-même ? Évidemment, si vous tombez sur des religieux ou des religieuses qui, pour des tas de raisons, sont mondanisés, sécularisés, cela ne vous parlera pas beaucoup. Mais sinon, grâce aux religieux, on ne perd pas le cap. Se dire que ma vie est entièrement consacrée, que je renonce à presque tout, au mariage, à une famille, pour manifester à d'autres le signe de la vie future, pour être signe de Dieu… « Vous êtes quoi, vous ? » Réponse : « Signe de la vie future ! » Je vous promets que la plupart des gens qui font une carrière sur cette terre ne peuvent pas mettre cela sur leur carte de visite. Ils sont bien plutôt signes d'un monde qui passe, qui meurt. Cinquante ans de vie religieuse pour manifester l'éternité. Trente-cinq ans de vie professionnelle pour se terminer par un dépôt de bilan… Cela me fait penser à cet entrepreneur qui avait longtemps cru que l'on pouvait tout acheter. Quand on lui disait : « Vous êtes riche », il répondait : « Non, je suis très riche, et ça ne sert à rien ! » Il lisait saint Thomas – je pense qu'il n'y comprenait rien, d'ailleurs – pour essayer de trouver du sens. Parcourir les anciennes rues d'Europe lui en aurait donné.

Le jour de votre mariage, faites venir votre tante religieuse pour manifester, donner du sens à ce qui se passe !

Signes de la présence du Christ

Ce n'est pas tout. Une fois que l'on a le sens, avec les religieux, il s'agit encore de vivre les choses par rapport à ce sens, selon l'élan du Christ qui s'offre à son Père en donnant sa vie. Alors, comment fait-on ? Dieu dit : « J'institue un troisième état de vie qui va remplir cette mission : les ministres ordonnés. » Ils sont signes de la présence du Christ qui sauve, pardonne, enseigne avec autorité la Parole qui est proclamée. Le ministre ordonné n'est pas chargé de raconter des tas de choses, il est chargé d'être le signe, notamment au cours de la célébration eucharistique, du Christ qui rencontre les disciples d'Emmaüs et qui leur ouvre l'intelligence des Écritures. Et il est chargé de célébrer les sacrements, c'est-à-dire l'actualité, la présence pour nous aujourd'hui à travers ces signes sacramentels de la Croix du Christ. Et nous, nous venons, nous suivons cette célébration eucharistique justement pour entendre le Christ qui explique pour nous l'Écriture.

Il n'est pas question de raconter de vieilles histoires : ce qui m'intéresse, c'est aujourd'hui, et quand j'écoute l'Écriture proclamée, c'est Dieu qui me parle aujourd'hui à travers le support, le récit de la parole ancienne. Car le récit ancien, c'est ce qui est sur la feuille, et le filigrane, c'est ce qui m'intéresse. Le filigrane, c'est le Christ qui me parle si je sais lire, si je sais écouter ; et le Christ est présent. Le mystère de la Croix du Christ, c'est une foi qui est rendue présente sacramentellement pour me sauver.

Ce n'est pas une vague commémoration comme on commémore 1789, la mort d'untel, la naissance d'un autre… Les gens croient me faire plaisir en disant : « Vous, les chrétiens, vous êtes des gens qui commémorez. » Le mot n'a pas du tout le même sens. La République commémore des événements qui sont passés, et souvent mal passés d'ailleurs, tandis que nous, nous vivons la présence du mystère une fois et en même temps toujours, mystère du Christ qui surgit, ce qui est radicalement différent. Évidemment, pour entrer dedans, il faut avoir la foi. Les ministres ordonnés, évêques en tête, sont les signes, à travers le cœur de leur ministère, de cette présence du Christ à son Église, qui parle avec autorité, qui enseigne et qui sauve par le mystère de sa croix.

Les religieux sont pleinement conscients de participer à cette mission d'être signes de la vie future, d'ordonner toute leur vie à cela et de ne pas chercher à courir d'autres lièvres. Les ministres ordonnés sont vraiment signes de la vie future s'ils sont vraiment ordonnés au service transparent, au service de la présence du Christ qui enseigne et qui donne sa vie par le mystère de la croix, aujourd'hui, pour nous.

Par là, il nous rassemble dans l'unité, et tout va bien ! Il ne s'agit pas de trois voies au même niveau, il s'agit d'un chemin de sainteté, et pour que ce chemin soit possible, il y a comme deux arcs-boutants qui tiennent l'édifice : un petit nombre qui est signe de la vie future de Dieu, un petit nombre que sont les ministres ordonnés, tout aussi nécessaires que les religieux, et qui sont signes de la présence du Christ à son Église.

Ils permettent au plus grand nombre de vivre ce que le Christ a vécu, de laisser le Christ vivre en eux, en vue de s'offrir comme le Christ au Père éternel et d'entrer en pleine communion avec le Père, le Fils et le Saint-Esprit.

Faire surgir le Royaume

Le concile Vatican II a défini le rôle des laïcs : leur caractère propre, c'est d'administrer les choses temporelles en les ordonnant selon Dieu. Administrer les choses temporelles, c'est humain, tout le monde le fait. Mais les ordonner selon Dieu, dans l'axe de la volonté de Dieu, en perspective avec les valeurs de la vie future, tout le monde ne le fait pas. Faire cela, c'est faire ce que fait le Christ qui vient ordonner, restaurer cet ordre dans le monde. C'est pour cela que si vous ne voulez pas simplement administrer les choses temporelles, mais le faire en ordonnant toute chose selon Dieu, il s'agit de le faire simultanément, et quoi que vous fassiez – si c'est honnête – dans la vie politique, économique, sociale, dans le domaine de la santé ou celui de l'éducation, de la communication ou de la culture ; ce sont des choses temporelles, nécessaires à la vie. Il faut tout ordonner selon Dieu, et les laïcs ont là une tâche immense à remplir.

Ils peuvent s'appuyer sur le témoignage des religieux pour avoir cette force qui est celle du Christ pour aller jusqu'au bout de ce projet, en s'appuyant sur les ministères ordonnés et la parole qui éclaire, qui permet de discerner, qui fortifie, et les sacrements qui font vivre.

Très souvent, nous en restons au niveau technique. Ordonner les choses selon Dieu est une force, c'est leur donner une véritable finalité. Aujourd'hui, nous ne manquons pas d'administrateurs des choses temporelles, mais on ne leur apprend pas forcément à les ordonner selon quelque chose, et encore moins selon Dieu. La puissance d'administration est découplée d'une puissance de donner un sens. C'est vous qui faites surgir le Royaume en ce monde. La sainteté du laïc, c'est de tenir les deux bouts : administrer et ordonner. C'est difficile, car les réalités temporelles sont de plus en plus complexes, et on se cantonne de plus en plus au domaine technique. Je n'administre pas la semaine et me contente d'ordonner le dimanche, mais j'administre en ordonnant. Quand on est marié, c'est subtil.

Je prétends que la crise des vocations est d'abord une crise des laïcs, et cela durera tant qu'on n'aura pas une plus grande conscience du rôle des laïcs, parce que les vocations viennent des laïcs. Le rôle de phare que doivent jouer les religieux, et le soutien que doivent apporter les ministres ordonnés, n'est plus assez clair. Aussi revient-il aux parents de faire quelque chose pour l'avenir. Il faut demander, supplier Dieu d'ordonner selon sa volonté. Faites n'importe quoi pour cela, des nuits d'adoration, des pèlerinages, etc.

Il faut sentir les choses un peu profondément pour redresser les gens. Notre vocation est d'accéder à la qualité de la vie de Dieu, de participer à cette vie, déjà en ce monde, et pleinement dans l'autre. Cela implique d'entrer dans le projet de Dieu et d'être des administrateurs fidèles et avisés, donc intégrant cette orientation de vie selon la volonté de Dieu. C'est bien ce que nous demandons dans le *Notre Père* en disant : « Que ta volonté soit faite sur la terre comme au ciel. » C'est là le chemin de notre bonheur, personnellement, communautairement, socialement, car cela ne peut se vivre sans un minimum de dimension sociale. Moi, ça me démange d'être laïc, mais je ne le suis plus, aussi, j'exhorte les laïcs. Aujourd'hui, les curés courent après l'engagement des laïcs et les laïcs après l'engagement des curés. « Quel bazar ! » dit Dieu ! Le prêtre est collaborateur de Dieu et signe de la présence du Christ. Le religieux est signe de la vie future.

Il y a donc trois états de vie, trois chemins somptueux mais corrélatifs. Les uns ne peuvent s'en sortir sans les autres. Le plus mauvais, c'est de ne rien faire, aussi, c'est à vous de jouer dans votre vie conjugale et familiale !

Consécration

Une consécration est proposée à la fin des cinq jours de la retraite. Le texte choisi est un texte de consécration à Marie dont l'auteur est saint Louis-Marie Grignon de Montfort.

Je vous choisis, aujourd'hui, ô Marie, en présence de toute la Cour Céleste, pour ma Mère et ma Reine. Je vous livre et consacre, en toute soumission et amour, mon corps et mon âme, mes biens intérieurs et extérieurs, et la valeur même de mes bonnes actions passées, présentes et futures, vous laissant un entier et plein droit de disposer de moi et de tout ce qui m'appartient, sans exception, selon votre bon plaisir, à la plus grande Gloire de Dieu, dans le temps et l'éternité.

La consécration est une consécration au Christ, qui nous sauve et nous oriente vers son Père par Marie. On renouvelle par une consécration les vœux du baptême. Le baptême est la consécration principale, centrale. Ce que veut nous faire vivre saint Louis-Marie Grignon de Montfort est quelque chose d'assez pédagogique, et c'est pour cela que Marie intervient. Jésus en effet nous confie à Marie comme à notre mère. Comme saint Jean, il faut se confier à Marie, et il y a une manière de le faire, une raison spécifique dans notre situation de pécheurs convertis et pénitents. Il faut se confier à elle dans une grande obéissance intérieure.

En droit civil, quand vous êtes un peu faible d'esprit en raison de la vieillesse ou de la sénilité, la famille se réunit, on fait un conseil de famille et on vous décharge, on vous enlève la gestion de vos biens et on vous donne un tuteur. Ce n'est pas très drôle. On peut aussi nommer un curateur. Rappelons que, jusqu'en 1938, la femme était considérée comme incapable majeure, et elle était sous la tutelle de son mari !

Sur le plan spirituel, nous avons aussi besoin d'une tutelle, et cette tutelle, c'est Marie. C'est elle que l'on choisit, sans laquelle on ne veut plus décider quoi que ce soit sans en référer d'abord à elle. Elle est notre tutrice spirituelle. Il est vrai que, d'une certaine manière, c'est renoncer à une partie de ma liberté, ne plus en user en direct, pour en faire un usage très dépendant. Or, ma liberté, c'est le grand don du bonheur, le grand don de Dieu. Mais si cette liberté est abîmée et incapable d'avancer en eaux profondes, il vaut peut-être mieux en faire un usage, au moins provisoirement, dépendant, plutôt que de ne plus pouvoir en faire usage du tout.

Jésus, par l'Incarnation, a accepté lui-même de se soumettre à Marie en toutes choses. Il était soumis, anéanti. Nous, on ne nous demande pas de nous anéantir, on nous suggère de nous mettre sous la protection de Marie.

Il s'agit de vivre une expérience fondamentale que Dieu a vécue en Jésus-Christ en s'incarnant. Nous sommes plus libres en suivant le Christ. Il faut suivre le conseil que Jésus donne à Jean. Il vaut mieux prendre conseil auprès de Marie plutôt que de se tromper tout seul.

Maintenant, à vous de voir ce que vous voulez faire. Je suis simplement chargé de vous le dire !

Table des matières

DEUXIÈME PARTIE
JE ME DONNE…

Cet ouvrage a été composé par
Atlant'Communication
aux Sables-d'Olonne (Vendée)

Impression réalisée par
l'imprimerie France Quercy
à Mercuès (Lot)
en octobre 2008

N° d'impression : 82271
Dépôt légal : octobre 2008

Imprimé en France